아함경 ②

불교경전 ⑭

아 함 경 ②
(阿含經)

인생의 지침 ● 돈연 譯

민족사

일러두기

1. 민족사판 아함경①②는 팔리장경(PTS本)의 5부 아함 중에서 중요경전을 선별하여 번역한 것이다.
2. 번역은 경전의 장중한 가르침을 살리면서도 누구나 쉽게 이해할 수 있도록 평이한 문체를 사용하고자 노력하였다.
3. 각 경전에 삽입되어 있는 소제목과 역주, 해설은 내용과 구성에 따라 독자들의 편의를 위하여 역자가 붙인 것이다.

아함경
차 례

1. 독화살의 비유 ·· 17
   (마룽키야經)

2. 선(善)의 추구 ·· 25
   (스바經)
   출가와 재가 ·· 25
   바라문의 덕목 ·· 27
   초인적인 지견 ·· 29
   욕망을 떠난 기쁨 ·· 33
   불완전한 바라문들의 덕목 ································ 34
   악을 떠나려는 마음가짐 ···································· 35
   범천의 세계에 도달하는 길 ······························ 37
   스바의 귀의 ·· 40
   쟈메소니 바라문의 찬탄 ···································· 40

3. 지혜로운 자의 식견 — 45
(多界經)
어리석은 사람과 지혜로운 사람의 차이 … 45
다양한 존재의 세계 …… 47
지각의 근거 …… 49
서로 의지해서 생겨난다 …… 49
이치로서 가능한 것과 불가능한 것 …… 51
이 경의 이름 …… 56

4. 바른 길과 삿된 길 —— 61
(大四十經)
성스럽고 바른 정신통일 …… 61
바른 견해 …… 62
바른 사유 …… 64
바른 말 …… 65
바른 행동 …… 66
바른 생활 …… 68
팔정도 · 지혜 · 해탈 …… 69
20가지 선한 것과 20가지
선하지 않은 것 …… 70
진리의 가르침을 비난하는 자에
대한 10가지 논란 …… 72

5. 공(空)의 여러 모습 ········· 77
   (空大經)
   카라케마카 정사(精舍) ············ 77
   모임에서 멀리하라 ············· 78
   내계(內界)의 공(空)과 외계의 공 ········· 79
   일상생활에 대한 공의 경지와 바른 지혜 ·· 82
   담론에 대한 바른 지혜 ············ 83
   성찰에 대한 바른 지혜 ············ 85
   다섯 가지 애욕의 대상과 바른 지혜 ······ 86
   다섯 가지 집착을 일으키는 요소와
   바른 지혜 ·················· 87
   스승을 따르는 의의 ············· 88
   스승의 번뇌 · 제자의 번뇌 · 청정한
   수행자의 번뇌 ··············· 89
   적대적인 행동 · 우호적인 행동 ········ 92

6. 염마의 신문 ············· 97
   (天使經)
   인간이 가는 다섯 가지 세계 ········· 97
   염마의 신문 ················ 98
   〈제1의 저승사자〉 ·············· 99
   〈제2의 저승사자〉 ············· 100

〈제3의 저승사자〉 ················· 102
〈제4의 저승사자〉 ················· 103
〈제5의 저승사자〉 ················· 104
지옥에서 받는 고통 ············· 106
〈대지옥〉 ····························· 107
〈분뇨지옥〉 ·························· 109
〈열화지옥(熱火地獄)〉 ·········· 109
〈가시숲〉 ····························· 109
〈칼숲〉 ································ 110
〈뻘강〉 ································ 110
염마의 술회와 세존의 시(詩) ········· 112

7. 밤사이에 어진 사람이 되다 ········· 117
(一夜賢者經)
밤사이에 어진 사람이 되다 ········· 117

8. 네 가지 성스러운 진리 ········· 125
(四諦分別經)
네 가지 성스러운 진리 ············· 125
사리불의 설법 ························ 126
괴로움이라는 성스러운 진리 ········· 127
괴로움의 원인이라는 성스러운 진리 ······· 130
괴로움의 멸진이라는 성스러운 진리 ······· 131

괴로움의 멸진에 도달하는 길이라는
성스러운 진리 ············· 131

9. 출가의 공덕 ················· 137
(沙門果經)
아쟈타삿투왕과 신하의 진언 ········· 137
지바카의 제언 ············ 140
아쟈타삿투왕, 세존께 여쭈다 ········ 143
육사외도(六師外道)의 주장 ········· 144
아쟈타삿투왕의 질문 ·········· 155
첫번째 과보 ············ 156
두번째 과보 ············ 158
더 훌륭한 과보 ··········· 160
여래 출현과 출가 ··········· 161
계율을 지님 ············ 162
감각기관의 문을 보호하라 ········· 174
주의 깊게 생각하고 충분히 생각하며
  만족하게 지낸다 ··········· 175
다섯 가지의 덮개를 버리다 ········ 176
선정의 제1단계 ··········· 180
선정의 제2단계 ··········· 181
선정의 제3단계 ··········· 182
선정의 제4단계 ··········· 183

차 례
11

지식에 의한 통찰 ·················· 184
의지의 작용에 의해 다른 몸을
만들어 냄 ·················· 185
초인적인 신통력 ·················· 186
하늘의 귀 ·················· 188
다른 사람의 마음을 아는 힘 ·················· 189
자신과 타인의 과거생을 기억하는 힘 ······ 191
중생의 생사를 앎 ·················· 192
더러움이 흐르는 번뇌의
소멸에 대한 앎 ·················· 194
아쟈타삿투왕의 귀의와 뉘우침 ·················· 196

10. 두려움에 대한 초월 ·················· 201
(怖駭經)
쟈눗소니의 질문 ·················· 201
숲에서 지내는 방법 ·················· 202
공포를 몰아냄 ·················· 207
성품이 어리석지 않은 사람 ·················· 208
네 단계의 선정과 세 가지의 지혜 ·················· 209
쟈눗소니의 귀의 ·················· 213

11. 앗사풀라의 설법 ·················· 217
(앗사풀라大經)

수행자가 되는 법 ·················· 217
부끄러움을 갖추는 일 ·············· 218
깨끗한 몸에 의한 행위 ············· 219
깨끗한 입에 의한 행위 ············· 220
깨끗한 마음에 의한 행위 ··········· 221
깨끗한 생활 ······················· 222
여섯 가지 감각기관의 보호 ········ 223
식사할 때 적당한 양을 안다········ 224
잠들지 않도록 노력한다············ 225
마음을 통일하고 올바르게
마음을 멈춘다 ···················· 226
다섯 가지 덮개[五蓋]를 버린다 ···· 227
선정의 네 가지 단계··············· 231
세 가지의 밝은 지혜··············· 232
비구의 여러 가지 호칭 ············ 234

12. 진정한 제사 ························ 239
(쿠타단타經)
세존의 명성 ······················ 239
쿠다단타 바라문··················· 241
부처님을 찬양하다················· 244
마하비지타왕의 제사 ·············· 248
제사의 조건 ······················ 250

제사의 마음가짐 ················· 253
후속제 ························· 257
더 훌륭한 제사 ················· 258
쿠다단타의 귀의 ················ 262

역주 ························· 267
해설 ························· 275

1. 독화살의 비유
(마룽키야經)

1. 독화살의 비유
(마룽키야經)

 이와 같이 나는 들었다.
 어느 때 세존께서는 쉬라바스티(사위성)의 기원정사에 계셨다. 그때 마룽키야풋타 존자는 홀로 고요한 곳에 앉아 다음과 같이 생각하였다.
 '세존께서는 다음과 같은 문제들에 관해서는 말씀해주시지 않는다.
 우주는 영원한가? 영원하지 않은가? 우주는 끝이 있는가? 끝이 없는가? 영혼은 육체와 같은가? 육체와 다른가? 여래는 사후(死後)에도 존재하는가? 존재하지 않는가? 여래는 사후에 존재하기도 하며 존재하지 않는 것도 아닌가?
 나는 이러한 문제에 관해서 답변해주시지 않는 세존의 태도가 불만스럽기만 하다.
 부처님 계신 곳에 가서 이와 같은 질문을 여쭙기로 하자. 만약 세존께서 나를 위해 이 의문에 답변해주신다면 머물

러 수행을 계속하겠지만 만약 답변해주시지 않는다면 세존께 인사를 여쭙고 떠나야겠다.'

　마룽키야풋타는 해가 질 무렵 자리에서 일어나 세존이 계신 곳으로 갔다.

　그리고 세존께 예배 드리고 다음과 같이 여쭈었다.

　"세존이시여! 제가 홀로 선정에 들어있을 때 우주는 영원한가? 영원하지 않은가? 우주는 끝이 있는가? 없는가? 영혼은 육체와 같은가? 육체와 다른가? 여래는 사후에도 존재하는가? 존재하지 않는가? 여래는 사후에 존재하기도 하며 존재하지 않는 것도 아닌가?라는 의문이 떠올랐습니다.

　그러나 세존께서는 이런 의문에 한 번도 답변해주시지 않았습니다. 저는 세존께 이러한 것을 묻고 싶습니다.

　만약 세존께서 저의 이러한 의문에 답변해주신다면 저는 세존의 가르침 안에 머물며 거룩한 삶을 따를 것입니다.

　여래께서 우주가 영원한 것인지 영원하지 않은 것인지, 영혼과 육체는 같은 것인지 다른 것인지, 여래는 사후에 존제하는 것인지 존재하지 않는 것인지, 알고 계신다면 그것을 저에게 말씀해주십시오.

　세존께서 알지 못하신다면 '나는 알지 못한다'라고 말씀해주십시오."

　세존께서 마룽키야풋타에게 말씀하셨다.

　"마룽키야풋타여, 내가 일찍이 그대에게 '마룽키야풋타여, 어서 오너라. 나와 함께 청정한 행을 닦음이 좋으리라.

아함경

그러면 나는 그대에게 우주는 영원한지 영원하지 않은지, 영혼과 육체는 같은 것인지 다른 것인지, 여래는 사후에 존재하는지 존재하지 않는 것인지, 존재하는 것도 존재하지 않는 것도 아닌지에 대하여 분명히 말해주리라'라고 말했던 적이 있는가?"

"아닙니다. 세존이시여! 그와 같은 일은 없었습니다."

세존께서 말씀하셨다.

"마룽키야풋타여, 또 그대는 일찍이 내게 다음과 같이 말한 적이 있는가?

'세존이시여! 저는 세존의 가르침을 따라서 청정한 행을 닦고자 합니다. 그러하오니 저에게 우주는 영원한지 영원하지 않은지, 영혼과 육체는 같은 것이지 다른 것인지, 여래는 사후에 존재하는 것인지 존재하지 않는 것인지, 존재하는 것도 존재하지 않는 것도 아닌지 분명히 말씀해주소서'라고 말한 적이 있는가?"

"아닙니다. 세존이시여! 그와 같이 말씀하신 적은 없습니다."

"마룽키야풋타여, 그대는 어리석도다. 나는 그와 같은 문제에 대해서 그대에게 말한 적이 없고, 그대 또한 나에게 말한 적이 없는데 그대는 부질없는 번뇌로 스스로를 괴롭히고 여래를 비방하려 하는구나."

마룽키야풋타는 세존의 말씀을 듣고 아무 말도 할 수 없었으나 의문은 가시지 않았다.

독화살의 비유

세존께서는 마룽키야풋타에게 다시 말씀하셨다.

"마룽키야풋타여, 어떤 어리석은 사람이 '만약 부처님께서 나를 위해 우주는 영원한가 영원하지 않은가, 영혼과 육체는 같은 것인지 다른 것인지, 여래는 사후에도 존재하는 것인지 존재하지 않는 것인지, 존재하는 것도 존재하지 않는 것도 아닌지에 대해서 분명히 말씀해주시지 않는다면 나는 세존의 가르침을 따라 수행하지 않겠다'라고 생각한다면, 그는 그 의문을 풀지도 못한 채 도중에서 목숨을 마치고 말 것이다.

예를 들어 어떤 사람이 독 묻은 화살을 맞아 견디기 어려운 고통을 겪을 때 친족들이 빨리 의사를 부르려고 하였다. 그러나 화살을 맞은 사람이 '아직 이 화살을 뽑아서는 안 됩니다. 나는 먼저 화살을 쏜 사람이 크샤트리야인지, 바라문인지, 바이샤인지, 수드라인지, 또 그 이름과 성은 무엇인지, 그의 키가 큰지, 작은지 중간 정도인지, 그의 얼굴색이 하얀지 검은지, 어떤 마을에서 왔는지 먼저 알아야겠습니다.

또한 내가 맞은 화살이 어떤 종류의 것인지 알아야 화살을 뽑을 것입니다. 뿐만 아니라 어떤 새의 깃으로 장식된 화살인지, 화살 끝에 묻힌 독은 어떤 종류의 독인지 알아야 화살을 뽑을 것입니다'라고 말한다면 그 사람은 이러한 사실을 알기도 전에 죽고 말 것이다.

마룽키야풋타여, 우주가 영원하다는 확실한 견해가 있어

야만 청정한 수행을 닦겠다고 생각하는 것은 바르지 않다. 또한 우주가 무상하다는 견해가 있어야만 청정한 수행을 닦겠다고 생각하는 것도 바르지 않다.

우주가 영원하거나 무상하더라도, 사람에게는 생로병사와 근심과 번뇌가 있다. 그러므로 여래는 '이것은 괴로움이다[苦]. 괴로움은 모여서 생기는 것이다[集]. 괴로움은 반드시 없어진다[滅]. 그것이 길이다[道]'를 설하여 중생을 해탈에 이르게 한다.

마룽키야풋타여, 영혼과 육체는 같은 것인지 다른 것인지 분명히 알아야만 청정한 수행을 닦겠다는 생각은 바르지 않다.

영혼과 육체가 다르거나 같더라도, 사람에게는 생로병사와 근심과 번뇌가 있다. 그러므로 여래는 '이것은 괴로움이다. 괴로움은 모여서 생기는 것이다. 괴로움은 반드시 없어진다. 그것이 길이다'를 설하여 중생을 해탈에 이르게 한다.

마룽키야풋타여, 여래는 사후에 존재하는가 존재하지 않는가, 존재하는 것도 존재하지 않는 것도 아닌가를 분명히 알아야만 청정한 수행을 닦겠다는 생각은 바르지 않다. 그러므로 여래는 '이것은 괴로움이다. 괴로움은 모여서 생기는 것이다. 괴로움은 반드시 없어진다. 그것이 길이다'를 설하여 중생을 해탈에 이르게 한다.

또한 마룽키야풋타여, 여래는 우주가 영원하다거나 무상하다거나, 영혼과 육체가 동일하다거나 다르다거나, 여래는 사후에 존재한다거나 존재하지 않는다거나, 존재하는 것도 존재하지 않는 것도 아니라고 단정적으로 말하지 않는다.

왜냐하면 그와 같은 의문은 도리와 법에 맞지 않으며 청정한 수행도 아니며, 깨달음으로 나아가는 길도 아니며 열반의 길도 아니기 때문이다.

그렇다면 여래가 한결같이 설하는 법은 무엇인가. 그것은 여래는 '이것은 괴로움이다. 괴로움은 모여서 생기는 것이다. 괴로움은 반드시 없어진다. 그것이 길이다'라는 가르침이다.

그것은 도리와 법에 맞으며, 청정한 수행의 길이며 깨달음과 성스러운 열반에 이르는 길이기 때문이다. 그대는 이와 같이 깨닫고 배워야만 한다."

세존께서 이와 같이 말씀하셨을 때 마룽키야풋타와 여러 제자들은 기뻐하며 그 가르침을 받들어 실천했다.

2. 선(善)의 추구
(스바經)

2. 선의 추구
(스바經)

출가와 재가

이와 같이 나는 들었다.

어느 때 부처님께서는 쉬라바스티의 기원정사에 계셨다.

그때 투데야 바라문[1]의 아들 스바는 쉬라바스티에 있는 한 장자의 집에 머물고 있었다.

바라문 청년 스바는 집 주인에게 물었다.

"장자여! 쉬라바스티는 성자(阿羅漢)들이 있는 곳에서 멀지 않다고 들었습니다. 오늘 사문이나 바라문 중 누군가를 방문하여 가르침을 받고자 합니다."

"세존께서 기원정사에 계시는데 그 분을 방문하는 것이 좋을 것이요."

바라문 청년 스바는 세존이 계시는 곳으로 가, 친애와 경의로 가득찬 인사말을 세존께 올리고 한쪽에 앉았다.

바라문 청년 스바는 세존께 사뢰었다.

"세존이시여! 바라문들은 '재가자들은 바른 도와 진리와 선을 구현하려고 노력하지만, 출가자는 바른 도와 진리와 선을 구현하려고 노력하지 않는다'라고 말합니다. 이에 대해 당신은 어떻게 말하십니까?"

"청년 바라문이여! 나는 경우에 따라 말하는 사람이며 어느 한쪽만을 단정하는 사람은 아니다. 왜냐하면 사악한 행을 하면 재가자가 행하거나 출가자가 행하거나 칭찬하지 않는다. 왜냐하면 재가자든 출가자든 사악한 행을 하는 사람은 그 사악한 행으로 말미암아 바른 도와 진리와 선을 구현하려고 노력하지 않기 때문이다. 바른 행은 재가자든 출가자든 칭찬한다. 왜냐하면 재가자든 출가자든 바른 행을 하는 사람은 그 바른 행으로 말미암아 바른 도와 진리와 선을 구현하려고 노력하기 때문이다."

"세존이시여! 바라문들은 '해야할 일이 많습니다. 노력으로 가득찬 가정생활의 삶은 참으로 풍요롭습니다. 적어도 노력이 적은 출가생활의 삶은 참으로 빈곤하다'고 말하는데, 이것에 대해 당신은 어떻게 말하십니까?"

"청년 바라문이여! 그것에 대해서도 나는 경우에 따라 말하는 사람이지 어느 한쪽만을 단정하는 사람이 아니다. 해야할 일이 많아 노력으로 가득찬 삶이지만 실패하면 참으로 빈곤하고, 성공하면 참으로 풍요로운 삶이 있다. 해야할 일이 적어서 수고로움이 적지만 실패하면 참으로 가난하고,

성공하면 참으로 풍요로운 삶도 있다. 그러면 어떤 삶이 해야할 일이 많아 수고로움이 많으면서도 실패하면 참으로 가난하고 성공하면 참으로 풍요로운 것인가. 그것은 마치 농사를 짓는 일과 같다.

농사를 짓는 일은 해야할 일이 많아 수고로움이 가득하지만 실패하면 참으로 빈곤하고 성공하면 참으로 풍요로운 삶이다. 또한 가정생활도 농사와 마찬가지로 이에 속하는 삶이다.

반면 장사를 하는 일은 해야할 일이 적어서 수고로움이 적지만 실패하면 참으로 빈곤하고 성공하면 참으로 풍요로운 삶이다. 또한 출가생활도 이에 속하는 삶이다."

바라문의 덕목

"세존이시여! 바라문들은 좋은 행을 하고 선을 구현하기 위해서 다섯 가지 덕목을 지킵니다."

"청년 바라문이여! 바라문들이 지킨다는 그 덕목을 번거롭겠지만 이 모임에서 설명해 보겠는가?"

"세존이시여! 존자나 존자의 위풍을 지닌 분들이 참석한 곳이니 번거로움이란 있을 수 없습니다."

"그럼 설명하게."

"세존이시여! 바라문들은 청정한 행을 실천하고 선을 구현하기 위해 첫째 덕목으로서 진실을 지킵니다. 둘째 덕목은 고행, 셋째 덕목은 순결, 넷째 덕목은 배우고 익힘, 다섯째 덕목은 보시입니다. 바라문들은 좋은 행을 하고 선을 구현하기 위해 이 다섯 가지 덕목을 지킵니다. 이것에 대해 당신은 어떻게 말하십니까?"

"청년 바라문이여! 그렇다면 바라문들 가운데서 어느 한 사람이라도 '나는 이 다섯 가지 덕목을 스스로 깨닫고, 체득하였으며 그 결과를 설한다'고 말하는 사람이 있는가?"

"아닙니다. 없습니다."

"그렇다면 바라문들의 스승, 혹은 스승의 스승 내지는 스승의 7대까지 거슬러 올라가도록 어느 한 사람이라도 '나는 이러한 다섯 가지 덕목을 스스로 깨닫고 체득하였으며, 그 결과를 설한다'고 말한 사람이 있는가?"

"아닙니다. 없습니다."

"청년 바라문이여! 현재 바라문들이 반복해서 독송하고 읊조리며, 가르치고 있는 말씀은 옛 선인들이 부르고 설하였으며 집성한 그대로의 성구(聖句)인데, 이 성구를 만들고 널리 설한 선인들이 '우리들은 이러한 다섯 가지 덕목을 스스로 깨닫고 체득하였으며 그 결과를 설한다'고 말했던 적이 있는가?"

"아닙니다."

"청년 바라문이여! 그대의 말에 의한다면, 바라문들 가운데는 한 사람도 '나는 이러한 다섯 가지 덕목을 스스로 깨닫고 체득하였으며, 그 결과를 설한다'고 말한 사람은 없다. 그들의 스승 가운데서도, 또 스승의 스승 가운데서도, 그리고 스승의 7대까지 거슬러 올라간다 해도 누구 한 사람 그렇게 말한 사람은 없었다.

청년 바라문이여! 옛 선인들도 그것은 말하지 않았다. 그것은 마치 맹인들이 어느어느 마을에서는 음식을 잘 준다는 악한(惡漢)의 꾀임에 빠져 줄지어 가다가, 악한이 길 끝에 내버리고 가니 맨 앞의 맹인도 중간의 맹인도 마지막 맹인도 길을 찾지 못하고 도중에서 세월을 보내는 것처럼, 바라문들이 설하는 것은 이 맹인의 무리와 같다. 맨 앞의 선인도 중간의 스승도, 또 후대의 바라문들도 길을 발견하지 못했다."

초인적인 지견

이 말을 듣고 생각하면서 청년 바라문 스바는 세존께서 맹인의 비유를 든 것에 대해 화를 내고 불쾌해 하면서 '사문 고타마는 악의를 가지고 있음이 틀림없다'고 생각하면서, 세존을 매도하고 질책하며 이렇게 말했다.

"세존이시여! 스바가숲에 사는 포카라사티 · 오바만야 바라문은 사문이나 바라문들 가운데서 가장 초인적이며 지극히 고귀하고 수승한 지혜를 체득하였다고 자칭하고 있습니다. 그에 대한 화제는 단지 일소해버릴 만한, 무의미한 소문은 아닙니다. 그런데 사람이면서 초인적이며, 지극히 고귀하고 수승한 지견을 알고 직관하였으며 체득하였다고 할 수 있겠습니까?"

"청년 바라문이여! 스바가숲에서 사는 포카라사티·오바만야 바라문은 모든 사문이나 바라문의 마음을 자신의 마음으로 이해하고 숙지하고 있는가?"

"세존이시여! 어떤 사람은 자신의 하녀 마음조차도 자신의 마음으로 이해하거나 숙지하지 못합니다. 하물며 모든 사문이나 바라문의 마음을 자신의 마음으로 이해하고 숙지하는 것이 어떻게 가능하겠습니까?"

"청년 바라문이여! 선천적인 맹인은 검거나 흰 색을 보지 못함은 물론이며 그 밖의 모든 색들과 여러 가지 모습들을 보지 못하고 별이나 달, 태양을 본 적이 없는 것처럼 이와 같은 사람에게는 검거나 흰 색은 존재하지 않는다. 그와 같이 색을 본 일이 없는 사람에게는 모든 색들이나 모양, 별이나 달, 태양은 존재하지 않는다. 그와 같이 여러 가지 색깔이나 모양을 본 일이 없는 사람은 '나는 그것을 모른다. 나는 그것을 보지 않았다. 그러므로 그와 같은 것은 존재하지 않는다'고 말할지도 모른다. 이와 같이 말하는 사람은 올바르겠는가?"

"아닙니다. 세존이시여! 검거나 흰 색은 존재합니다. 또 그것을 본 사람도 있습니다. 또한 푸르거나 노란·붉은·진홍색, 모양이 같은 것·같지 않은 것, 별빛·달과 태양은 존재합니다. 그것을 본 사람도 있습니다. 그러나 나는 맹인이므로 '나는 그것을 모른다. 나는 그것을 보지 않았다. 그러므로 그와 같은 것은 존재하지 않는다'고 말한다면 그 사람은 바르게 이해하고 있는 것이 아닙니다."

"청년 바라문이여! 마찬가지로 스바가숲에 사는 포카라사티·오바만야 바라문은 맹인이고 눈이 없는 사람이다. 그는 초인적이고 지극히 고귀하며 수승한 지혜를 깨달을 수 없으며 실천할 수 없다. 그리고 그대는 이것에 대해 어떻게 생각하는가. 코살라국의 부호 바라문들과 그대의 아버지 투데야 바라문들 가운데서, 통속적인 가르침을 외우는 사람과 통속적이지 않은 가르침을 외우는 사람 중 어느 쪽이 훌륭하겠는가?"

"통속적이지 않은 쪽입니다."

"깊이 생각하면서 가르침을 외우는 사람과 숙고하지 않고 가르침을 외우는 사람 중 어느 쪽이 수승하겠는가?"

"깊이 생각하는 쪽입니다."

주의력을 기울여 가르침을 외우는 사람과 주의를 기울이지 않고 가르침을 외우는 사람 중 어느 쪽이 수승하겠는가?"

"주의력을 기울이는 쪽입니다."

"뜻이 있는 가르침을 외우는 사람과 뜻이 없는 가르침을 외우는 사람 중 어느 쪽이 수승하겠는가?"

선의 추구

"뜻이 있는 쪽입니다."
"그럼 스바가숲에 사는 포카라사티·오바만야 바라문이 외우는 가르침은 통속적인가 아닌가?"
"통속적입니다."
"깊이 생각되는 것인가 하지 않은 것인가?"
"깊이 생각되지 않은 것입니다."
"주의력을 기울인 것인가 기울이지 않은 것인가?"
"기울이지 않았습니다."
"뜻이 있는 것인가 없는 것인가?"
"뜻이 없는 것입니다."
"청년 바라문이여! 다섯 가지 장애〔五蓋〕라는 것이 있다. 무엇이 다섯인가. 애욕이라는 장애·성냄이라는 장애·게으름과 수면이라는 장애·동요와 번민이라는 장애·의혹이라는 장애의 다섯 가지이다. 스바가숲에 사는 포카라사티·오바만야 바라문은 이러한 것의 방해를 받고 가리워졌으며 둘러싸여져 있다. 그는 초인적이지 못하며 지극히 고귀하고 수승한 지견을 알거나 직관하지 못하였고, 체득하지도 못했다.
청년 바라문이여! 다섯 가지 욕망의 대상이라는 것이 있다. 무엇이 다섯 가지 욕망의 대상인가? 좋아하고 사랑하며, 눈으로 지각되어 즐거워하고 기뻐하는 쾌락적인 욕망을 불러일으키는 여러 모양·귀로 지각되는 소리·코로 지각되는 향기·혀로 지각되는 맛·몸으로 지각되는 느낌의 다섯 가지이다.
 스바가숲에 사는 바라문은 이러한 것에 사로잡히고 유혹받으며, 오류를 범하고, 재난을 보지 못하며, 벗어나는 지혜를 모른 채 그러한 것을 즐기고 있다. 그는 초인적이지 못하며 지극히 고귀하고 수승한 지견을 알거나 직관하지 못하였고 체득하지도 못했다."

욕망을 떠난 기쁨

"그대는 어떻게 생각하는가.
 건초나 땔감 등에 의해 불이 일어나는 것과 건초나 땔감 등이 없이 불이 일어나는 것 중 어느 쪽이 불꽃·광채·불빛이 치성한 불이 되겠는가?"
 "세존이시여! 만약 건초나 땔감 등의 연료없이 불을 붙일 수 있다면, 그 쪽의 불꽃이나 광채·불빛이 치성하게 됩니다."
 "청년 바라문이여! 건초나 땔감 등의 연료없이 불을 일으키는 것은 신통력을 가진 사람만이 할 수 있다. 다섯 가지 욕망의 대상으로 생기는 기쁨은 건초와 같은 땔감 등에 의해서 일어나는 불과 같은 것이다. 욕망을 떠나고 선함을 의지처로 하여 생긴 기쁨은 건초와 같은 땔감없이 일어나는 불과 같다고 나는 설한다.

선의 추구

그렇다면 무엇이 욕망을 떠나 선함을 의지처로 하여 생긴 기쁨인가. 비구가 욕망을 떠나고 선함을 의지처로 하여, 선정의 제1단계〔初禪〕[2]를 체득하여 일어나는 것이다. 이것은 욕망을 떠나고 선의 실천에 의하여 생긴 기쁨이다. 또한 비구가 마음의 상태를 탐구하는 능력〔尋〕과 마음의 상태를 고정시키는 능력〔伺〕을 청정하게 닦아서 선정의 제2단계〔第二禪〕를 체득하는 것도 욕망을 떠나서 선의 실천에 의하여 생긴 기쁨이다.

불완전한 바라문들의 덕목

그런데 바라문들은 청정한 행을 실천하고 선을 구현하기 위해 다섯 가지 덕목을 지킨다고 했는데, 그 가운데서 어느 덕목이 좋은 행을 하고 선을 구현할 수 있는 보다 효과있는 것으로서 지켜지고 있는가?"

"세존이시여! 그들은 그 가운데서 보시가 청정한 행을 실천하고 선을 구현하기에 보다 효과있는 덕목으로 지키고 있습니다."

"청년 바라문이여, 이에 대해 그대는 어떻게 생각하는가? 여기에 어떤 바라문의 성대한 제사가 준비되어 있다고 하자. 그곳에 두 명의 바라문이 성대한 제사에 참석하려고 왔다. 그 가운데서 한 사람이 '나는 최상의 자리와 최상의 물,

그리고 최상의 음식을 얻을 것이다. 또 다른 바라문은 그러한 것을 얻을 수 없을 것이다'고 생각하였다.

그러나 이미 한 바라문이 최상의 자리 · 최상의 물 · 최상의 음식을 얻었다면, 당연히 다른 한 바라문은 그것을 얻지 못한다. 그래서 '다른 바라문은 먼저 바라문은 최상의 자리 · 최상의 물 · 최상의 음식을 얻고, 나는 그것을 얻지 못하였다'고 하여 화를 내고 불쾌해 한다.

그렇다면 바라문들은 이 바라문에게 어떤 과보가 있다고 주장하겠는가?"

"세존이시여! 그와 같은 경우 바라문들은 '이것으로 말미암아 다른 사람이 화를 내고 불쾌하게 되었다'고 생각하여 보시를 행하지 않습니다. 그와 같은 경우 상황에 따라 보시합니다."

"청년 바라문이여! 그렇다면 바라문들에게 상황을 살피는 것이 청정한 행을 실천하기 위한 여섯째 항목으로 구비되어야 하지 않겠는가?"

"세존이시여! 그와 같은 경우 상황을 살피는 것은 좋은 행을 하기 위한 여섯째 항목이 됩니다."

악을 떠나려는 마음가짐

"청년 바라문이여! 그대는 바라문들이 좋은 행을 하고 선을 구현하기 위해 지키는 다섯 가지 덕목을 재가자와 출가자 중 어느 쪽에서 더 많이 볼 수 있는가?"

"세존이시여! 저는 출가자 가운데서 더 많이 보았고 재가자에게서는 조금밖에 보지 못했습니다.

왜냐하면 재가자는 해야할 일이 많고 수고로움이 가득하여 항상 진실을 말하는 것은 제한되어 있기 때문입니다. 한편 출가자는 해야할 일이 적어 수고로움이 적고 항상 진실을 말할 수 있기 때문입니다.

또 재가자들은 해야할 일이 많아 수고롭기 때문에 항상 고행하고 순결을 지키며, 배우고 보시하는 일을 소홀히 하기 때문입니다. 한편 출가자는 해야할 일이 적어 수고롭지 않아, 항상 고행하고 순결을 지키며, 배우고 보시하기 때문입니다.

저는 바라문들이 청정한 행을 실천하고 선을 구현하기 위해 지키는 다섯 가지 덕목을 출가자 가운데서 더 많이 보았고 재가자에게서는 조금밖에 보지 못했습니다."

"청년 바라문이여! 나는 바라문들이 청정한 행을 하고 선을 구현하기 위해 지키는 다섯 가지 덕목을 마음에 원한이나 악의가 없는 마음가짐이라고 설한다.

즉 진실을 말하는 비구가 있다. 이 비구는 '나는 진실을 말하는 사람이다'라는 사실을 알고 진실을 알며, 진실에 따른 기쁨을 얻는다. 이 선함에 따른 기쁨을 일켤어 나는 마음에 원한이나 악의가 없는 마음가짐이라 설한다. 능히 고행

아함경

하고 순결을 지키며, 배우고 보시하는 비구가 있다. 이 비구는 '나는 능히 고행하고 순결을 지키며, 배우고 보시한다'라는 사실을 알고 진실을 알며, 진실에 따른 기쁨을 얻는다. 이 선함에 따른 기쁨을 나는 마음에 원한이나 악의가 없는 마음가짐이라고 설한다.

바라문들이 좋은 행을 하고 선을 구현하기 위해 지키는 다섯 가지 덕목을 나는 마음에 원한이나 악의가 없는 마음가짐이라 설한다."

범천의 세계에 도달하는 길

세존께서 이와 같이 말씀하셨을 때 투데야 아들, 바라문 청년 스바는 다시 세존께 사뢰었다.

"세존이시여! 저는 '사문 고타마는 범천에 도달하는 길을 알고 계신다'고 들었습니다."

"청년 바라문이여! 이곳에서 나라카라마을은 가까운 곳이라고들 하는데 그곳은 가까운 곳인가, 먼 곳인가?"

"세존이시여! 말씀하신대로 이곳에서 나라카라마을은 가깝습니다."

"청년 바라문이여! 그곳 나라카라마을에서 태어나 자란 사람이 있다고 하자. 단지 나라카라마을에서만 산 이 사람에게 어떤 사람이 마을로 가는 길을 묻는다면, 이 사람은 그 길을 알려주는데 더듬거리나 곤란해 하겠는가?"

"세존이시여! 그와 같은 일은 없습니다. 왜냐하면 그 사람은 나라카라마을에서 태어나서 살았으므로 마을로 통하는 모든 길을 잘 알고 있기 때문입니다."

"청년 바라문이여! 이 나라카라마을에 태어나 자란 사람일지라도 혹시 다른 사람이 마을로 가는 길을 물을 때, 더듬거리거나 곤란해 할지도 모른다. 그러나 여래는 범천의 세계나 범천의 세계에 도달하는 길에 대해 묻는다 해도 결코 더듬거리거나 곤란해 하지 않는다. 나는 범천도, 범천의 세계도, 범천의 세계에 도달하는 길도 알고 있다. 어떻게 실천하면 범천의 세계와 범천의 세계에 도달하는 길을 갈 수 있는지 알고 있다. 어떻게 실천하면 범천의 세계에 태어날 수 있는지도 알고 있다."

"세존이시여! 저는 '사문 고타마는 범천에 도달하는 길을 설한다'고 들었습니다. 부디 저에게 범천에 도달하는 길을 설하여주소서."

"청년 바라문이여! 이제 그대에게 범천에 도달하는 길을 설하리니 잘 듣고 생각하여라."

"명심하겠습니다"라고 바라문 청년 스바는 세존께 대답하였다.

세존께서는 다음과 같이 말씀하셨다.

"청년 바라문이여! 무엇이 범천에 도달하는 길인가. 비구는 자애로운 마음[3]을 한 방향에 집중한다. 마찬가지로 제

2·제3·제4 방향에도 집중한다. 이와 같이 상하·사방·주변의 모든 곳·일체세계에 광대무량하게, 원한이나 악의가 없는 자애로운 마음을 집중하여 생활한다.

이렇게 자애로움을 닦아 마음이 해탈하면, 원한이나 악의에 의한 행동은 이 사람에게는 존재하지 않는다. 마치 힘센 사람이 소라를 불어 쉽사리 사방에 알리게 할 수 있는 것처럼 자애로움을 닦아 마음이 해탈하면, 원한이나 악의에 의한 행동은 이 사람에게 더 이상 존재하지 않는다.

청년 바라문이여! 이것은 범천에 도달하는 길이다.

또 비구는 자비로운 마음·기뻐하는 마음·평정한 마음을 한 방향에 집중한다. 마찬가지로 제2·제3·제4의 방향에도 집중한다. 이와 같이 상하·사방·주변의 모든 곳·일체세계에 광대무량하게, 원한도 악의도 없는 연민의 마음·기쁨의 마음·평정한 마음을 집중하여 생활한다.

이렇게 자비·기쁨·청정을 닦아 마음이 해탈하면, 원한이나 악의에 의한 행동은 이 사람에게는 존재하지 않는다. 마치 힘센 사람이 소라를 불어 쉽사리 사방에 알릴 수 있는 것처럼 자애로움을 닦아 마음이 해탈하면, 분별하는 행위는 이 사람에게 더 이상 존재하지 않는다.

청년 바라문이여! 이것은 범천에 도달하는 길이다."

스바의 귀의

세존께서 이와 같이 말씀하셨을 때 바라문 청년 스바는 세존께 사뢰었다.

"세존이시여! 훌륭합니다. 세존이시여! 훌륭합니다. 마치 넘어진 이를 일으켜주시듯이, 덮개에 가려진 이를 걷어주며, 헤매이는 이에게 길을 제시하듯, 혹은 '눈있는 사람은 사물을 보라'고 말하면서 어둠 속에 등불을 밝히듯, 세존께서는 다양한 방법으로 진리를 밝히셨습니다. 저는 존자 고타마께 귀의하겠습니다. 진리의 가르침에 귀의하겠습니다. 승단에 귀의하겠습니다. 부디 저를 재가신자(우바새)로 받아주소서. 오늘부터 목숨이 다할 때까지 귀의하겠습니다."

바라문 청년 스바는 세존의 가르침을 듣고 매우 기뻐하면서 자리에서 일어나, 세존께 예배하고 오른쪽으로 돌아 경의를 표하고 떠났다.

쟈메소니 바라문의 찬탄

그때 쟈메소니 바라문은 새하얀 양산이 드리워진 마차를 타고 아침 일찍 쉬라바스티로 나왔다. 그는 바라문 청년 스바가 멀리에서 오는 것을 보고 말했다.

"이른 아침 어디에서 오는 것이오?"

"나는 사문 고타마 처소에서 오는 것이오."

"당신은 사문 고타마를 명철한 지혜가 있는 현자라고 생각하시오?"

"어떻게 제가 사문 고타마의 명철한 지혜를 알 수 있겠습니까? 만약 알 수 있다면, 나는 도대체 어떤 사람이겠습니까? 사문 고타마의 명철한 지혜를 알 수 있다면 그 사람은 사문 고타마와 어깨를 나란히 하게 될 것입니다."

"당신은 사문 고타마를 대단히 칭찬하는군요."

"어떻게 제가 사문 고타마를 칭찬하겠습니까? 사문 고타마는 신과 인간 가운데서 가장 훌륭한 사람으로서 찬양받습니다. 그 분은 바라문들이 좋은 행을 하고 선함을 구현하기 위해 지키는 다섯 가지 덕목을, 마음에 원한이나 악의가 없도록하는 마음가짐이라고 설하셨습니다."

이와 같이 말하니 쟈메소니 바라문은 새하얀 양산이 드리워진 마차에서 내려, 오른쪽 어깨가 나오도록 상의를 걸치고 세존께서 계시는 방향을 향해 감탄과 기쁨의 말을 했다.

"코살라국 프라세나짓왕은 이득을 얻었도다. 코살라국 프라세나짓왕은 행운과 이익을 얻었도다. 이 왕국에는 여래 · 성자 · 정각자가 머물고 계신다."

3. 지혜로운 자의 식견
(多界經)

3. 지혜로운 자의 식견
(多界經)

어리석은 사람과 지혜로운 사람의 차이

이와 같이 나는 들었다.

어느 때 세존께서 쉬라바스티의 기원정사에 머물고 계셨다.

세존께서는 이와 같이 말씀하셨다.

"비구들이여! 무릇 생겨난 모든 두려움은 한결같이 어리석은 이에게서 일어난다. 지혜로운 이에게는 일어나지 않는다. 무릇 생겨난 모든 번민도 한결같이 어리석은 이에게서 일어나며, 지혜로운 이에게는 일어나지 않는다.

비구들이여! 마치 갈대로 엮은 집이나 초가집에서 일어난 불은, 설사 그 집이 안과 밖을 둘러쌓고 바람을 막고 단단히 문단속을 하였으며, 창문을 닫은 높은 누각일지라도 그것을 모두 태워버린다.

그것과 마찬가지로 비구들이여! 무릇 생겨난 모든 두려움은 한결같이 어리석은 이에게서 일어나며, 지혜로운 이에게는 일어나지 않는다. 무릇 생겨난 모든 재난도 한결같이 어리석은 이에게서 일어나며, 지혜로운 이에게는 일어나지 않는다. 무릇 생겨난 모든 번뇌도 한결같이 어리석은 이에게서 일어나며, 지혜로운 이에게는 일어나지 않는다.

이와 같이 비구들이여! 어리석은 이는 두려움을 품지만, 지혜로운 이는 두려움을 떠난다. 어리석은 이는 재난을 만나고, 지혜로운 이는 재난을 여읜다. 어리석은 이는 번민을 갖고, 지혜로운 이는 번민을 갖지 않는다.

비구들이여! 두려움이란 지혜로운 이에게 존재하지 않는다. 재난은 지혜로운 이에게 존재하지 않는다. 번민은 지혜로운 이에게 존재하지 않는다.

그러므로 비구들이여! 그대들은 지혜로운 이로서 사려 깊은 이가 되도록 마땅히 배워야만 한다."

이와 같이 말했을 때 아난다 존자는 세존께 사뢰었다.

세존이시여! 그러면 어떤 '비구가 마땅히 지혜로운 이로서 사려 깊다'고 말할 수 있습니까?"

"아난다여! 만약 비구가 존재의 '다양한 세계〔界〕'에 대해 환히 알고, 존재를 구분하는 '지각의 근거〔處〕'에 대해 환히 알며, 인과의 도리로서의 '조건관계에 의한 생기〔緣起〕'에 대해 환히 알고 '이치로서 가능한 것·불가능한 것〔處非處〕'에 대해 환히 안다면, 그로 인해 '비구가 지혜로운 이로서 사려 깊다'고 능히 말할 수 있다.

다양한 존재의 세계

"세존이시여! 어떤 점에서 '비구가 〈세계〉⁴⁾에 대해 능히 환히 알고 있다'고 말할 수 있습니까?"
"아난다여! 18가지의 세계[十八界]가 있다. 즉 눈의 세계·모습의 세계·시각의 세계, 귀의 세계·소리의 세계·청각의 세계, 코의 세계·향기의 세계·후각의 세계·혀의 세계·맛의 세계·미각의 세계, 피부의 세계·느끼는 것의 세계·촉각의 세계, 마음(意)의 세계·관념(法)의 세계·인식의 세계이다.
아난다여! 이러한 18가지 세계를 여실히 알고 본다면, 그 점에서 '비구가 세계에 대해 환히 안다'고 능히 말할 수 있다."
"세존이시여! 달리 '비구가 세계에 대해 능히 환히 안다'고 말할 수 있도록 큰 설명은 없습니까?"
"있느니라, 아난다여! 여섯 가지 세계[六界]가 있느니라. 즉 땅의 세계·물의 세계·불의 세계·바람의 세계·허공의 세계·의식의 세계가 그것이다. 이러한 여섯 가지 세계를 여실히 알고서 본다면, 그 점에서도 '비구가 〈세계〉에 대해 능히 환히 안다'고 말할 수 있다."

"세존이시여! 또 달리 '비구가 〈세계〉에 대해 능히 환히 안다'고 말할 수 있도록 큰 설명은 없습니까?"

"있느니라, 아난다여! 다음의 여섯 가지 세계이 있다. 즉 쾌감의 세계 · 불쾌감의 세계 · 기쁨의 세계 · 근심의 세계 · 무관심의 세계 · 무지의 세계의 그것이다. 이러한 여섯 가지 세계을 여실히 알고서 본다면, 그 점에서도 '비구가 〈세계〉에 대해 환히 안다'고 능히 말할 수 있다."

"세존이시여! 또 달리 '비구가 〈세계〉에 대해 능히 환히 안다'고 말할 수 있도록 큰 설명은 없습니까?"

"있느니라, 아난다여! 다음의 여섯 가지 세계가 있다. 즉 욕망의 세계 · 이욕의 세계 · 악의 세계 · 악의 없음의 세계 · 해치려는 생각의 세계 · 해치지 않으려는 생각의 세계가 그것이다. 이러한 여섯 가지 세계를 여실히 알고서 본다면, 그 점에서도 '비구가 〈세계〉에 대해 능히 환히 안다'고 말할 수 있다."

"세존이시여! 또 달리 '비구가 〈세계〉에 대해 능히 환히 안다'고 말할 수 있도록 큰 설명은 없습니까?"

"있느니라, 아난다여! 다음의 여섯 가지 세계[三界]가 있다. 즉 욕망을 지배하는 세계(欲界) · 깨끗하고 미세한 물질로 구성된 세계(色界) · 물질형태를 초월한 세계(無色界)이다. 이러한 세 가지 세계를 여실히 알고서 본다면, 그 점에서도 '비구가 세계에 대해 환히 안다'고 능히 말할 수 있다."

"세존이시여! 또 달리 '비구가 〈세계〉에 대해 환히 안다'

고 능히 말할 수 있도록 분별된 설명은 없습니까?"
 "있느니라, 아난다여! 다음의 두 가지 세계가 있다. 즉 현상으로서 형성된(有爲) 세계·현상을 초월한(無爲) 세계이다. 이러한 두 가지 세계를 여실히 알고서 본다면, 그 점에서도 '비구가 〈세계〉에 대해 능히 환히 안다'고 말할 수 있다."

지각의 근거

 "세존이시여! 어떤 점에서 '비구가 〈지각의 근거〉에 대해 환히 안다'고 능히 말할 수 있습니까?"
 "아난다여! 내부적 및 외부적인 지각의 근거가 있다. 즉 눈과 모양·귀와 소리·코와 향기·혀와 맛·피부와 느낌·마음(意)과 관념(法)이다. 이러한 여섯 가지의 내부적 및 외부적인 지각의 근거를 여실히 알고 본다면, 그 점에서 '비구가 〈지각의 근거〉에 대해 환히 안다'고 능히 말할 수 있다."

서로 의지해서 생겨난다

 "세존이시여! 어떤 점에서 '비구가 〈연기(緣起)〉에 대해 환히 안다'고 능히 말할 수 있습니까?"

"아난다여! 이것에 대해 비구는 다음과 같이 알아야만 한다.

이것이 있으므로 저것이 있다. 저것이 있으므로 이것이 있다. 이것이 소멸하므로 저것도 소멸한다. 저것이 소멸하므로 이것도 소멸한다.

즉 근원적인 어리석음[無明]을 조건으로 하여 행위의 잠재력[行]이 있고, 행위의 잠재력을 조건으로 의식[識]이 있으며, 의식을 조건으로 마음과 물질로 구성된 개체[名色]가 있고, 마음과 물질로 구성된 개체를 조건으로 여섯 가지 지각기능[六處]이 있으며, 여섯 가지 지각기능을 조건으로 대상과의 접촉[觸]이 있고, 대상과의 접촉을 조건으로 감수[受]가 있으며, 감수를 조건으로 본능적인 욕망[渴愛]이 있으며, 본능적인 욕망을 조건으로 집착[取]이 있으며, 집착을 조건으로 생존[有]이 있고, 생존을 조건으로 태어남[生]이 있으며, 태어남을 조건으로 늙음과 죽음[老死]이 있고, 슬픔과 한탄 · 괴로움과 근심 · 번뇌가 있다.

이리하여 괴로움의 덩어리가 이루어진다.

그러나 근원적인 어리석음이 멸하므로 말미암아 행위의 잠재력이 멸하고, 행위의 잠재력이 멸하므로 말미암아 의식이 멸하며, 의식이 멸하므로 말미암아 마음과 물질로 구성된 개체가 멸하고, 마음과 물질로 구성된 개체가 멸하므로 말미암아 여섯 가지 지각기능이 멸하며, 여섯 가지 지각기능이 멸하므로 말미암아 접촉이 멸하고, 접촉이 멸하므로 말미암아 감수가 멸하며, 감수가 멸하므로 말미암아 본능적인 욕망이 멸하며, 본능적인 욕망이 멸하므로 집착이 멸하고, 집착이 멸하므로 말미암아 생존이 멸하며, 생존이 멸하므로 말미암아 태어남이 멸하고, 태어남이 멸하므로 말미암아 늙음과 죽음 그리고 슬픔과 한탄·괴로움과 근심·번민이 멸한다.
　이리하여 괴로움의 덩어리 전체가 멸하게 된다.
　아난다여! 이 점에서 '비구가 〈연기〉에 대해 환히 알고 있다'고 능히 말할 수 있다."

이치로서 가능한 것과 불가능한 것

　"세존이시여! 어떤 점에서 '비구가 〈이치로서 가능한 것〉과 〈불가능한 것〉에 대해 환히 안다'고 말할 수 있습니까?"
　"아난다여! 그것에 대해 비구는 다음과 같이 알아야만 한다.
　우선 진실한 견해를 갖춘 사람이 이루고 있는 현상〔言諸行〕을 어떤 것이라도 항상하고 즐겁고 영원불변한 '나'라고 이해하는 것, 그것은 이치로서 불가능하며 있을 수 없는 일이다. 그러나 세간 사람들은 형성하고 있는 현상을 항상하고 즐겁고 영원불변한 '나'라고 이해하는 것, 그것은 가능하다.

 또 진실한 견해를 가진 사람이, 어떤 것이라도 그것을 즐거운 것으로 이해한다는 것, 그것은 이치로서 불가능하며 있을 수 없다. 그러나 세간의 일반 사람은 형성하고 있는 현상을 즐거운 것으로 이해하는 것, 그것은 이치로서 가능하다고 볼 수 있다.

 또 진실한 견해를 가진 사람이 존재를 구성하고 있는 것(法)의 어떤 것이라도 그것을 영원불변한 본체(我)로서 이해하는 것, 그것은 이치로서 불가능하며 있을 수 없고, 그 가능성은 결코 볼 수 없다. 그러나 세간의 일반 사람이 존재를 구성하고 있는 것을 영원불변의 본체로서 이해한다는 것, 그것은 이치로서 가능하다고 볼 수 있다.

 또 진실한 견해를 가진 사람이 어머니의 목숨을 빼앗는다는 것은 이치로서 불가능하며 있을 수 없고, 그 가능성은 결코 볼 수 없다. 그러나 세간 사람들이 어머니의 목숨을 빼앗는다는 것은 이치로서 가능하다고 볼 수 있다.

 또 진실한 견해를 가진 사람이 아버지의 목숨을 빼앗고, 아라한의 목숨을 빼앗고, 악심을 품어 여래의 몸에서 피를 흘리게 하며, 승단의 화합을 깨며, 부처님 이외에 다른 이를 스승으로 섬긴다는 것은 이치로서 불가능하며 있을 수 없고, 그 가능성은 결코 볼 수 없다. 그러나 세간 사람들이 아버지의 목숨을 빼앗고, 아라한의 목숨을 빼앗고, 악심을 품어 여래의 몸에서 피를 흘리게 하며, 승단의 화합을 깨며,

부처님 이외에 다른 이를 스승으로 섬긴다는 것은 이치로서 가능하며 그 가능성은 볼 수 있다.

또한 하나의 세계에서 존경받을 만한 이·완전한 정각자인 여래가 두 사람 동시에 출현한다는 것은 이치로서 불가능한 것이며 있을 수 없고, 그 가능성은 결코 볼 수 없다. 그러나 하나의 세계에서 존경받을 만한 이·완전한 정각자인 여래가 한 사람 출현한다는 것은 이치로서 가능하며 그 가능성은 볼 수 있다.

또 하나의 세계에서 전세계의 통치자인 전륜왕이 두 사람 동시에 출현한다는 것은 이치로서 불가능하며 있을 수 없고, 그 가능성은 결코 볼 수 없다. 그러나 하나의 세계에서 전륜왕이 한 사람 출현한다는 것은 이치로서 가능하며 그 가능성은 볼 수 있다.[5]

또한 여성이 세상의 존경받을 만한 이·완전한 정각자가 된다는 것은 이치로서 불가능한 것이며, 있을 수 없고 그 가능성은 결코 볼 수 없다. 그러나 남성이 세상의 존경받을 만한 이·완전한 정각자가 된다는 것은 이치로서 가능하며 그 가능성은 볼 수 있다.[6]

또 여성이 전세계의 통치자인 전륜왕이 된다는 것은 이치로서 불가능하며, 있을 수 없고 그 가능성은 결코 볼 수 없다. 그러나 남성이 전세계의 통치자가 된다는 것은 이치로서 가능하며 그 가능성은 볼 수 있다.

또 여성이 신들의 왕인 제석천의 지위와 마왕의 지위, 사바세계의 주인인 범천의 지위를 얻는다는 것은 이치로서 불가능한 것이며 있을 수 없고, 그 가능성은 결코 볼 수 없다. 그러나 남성이 제석천의 지위와 마왕의 지위, 범천의 지위를 얻는다고 하는 것은 이치로서 가능하며 그 가능성은 볼 수 있다.

또한 몸(身)으로 악행을 짓는 이에게 좋아할 만하고 사랑할 만하며 즐거운 과보가 생긴다는 것은 이치로서 불가능하며 있을 수 없고, 그 가능성은 결코 볼 수 없다. 그러나 몸으로 악행을 짓는 이에게 좋지 않고 즐겁지 않은 과보가 생긴다는 것은 이치로서 가능하며 그 가능성은 볼 수 있다.

또 입(口)으로 악행을 짓는 이에게 좋아할 만하고 사랑할 만하며 즐거운 과보가 생긴다는 것은 이치로서 불가능하며, 있을 수 없고, 그 가능성은 결코 볼 수 없다. 그러나 입으로 악행을 짓는 이에게 좋지 않고 사랑스럽지 않으며, 즐겁지 않은 과보가 생긴다는 것은 이치로서 가능하며 그 가능성은 볼 수 있다.

또한 마음(意)으로 악행을 짓는 이에게 좋아할 만하고 사랑할 만하며 기쁜 과보가 생긴다는 것은 이치로서 불가능하며 있을 수 없고, 그 가능성은 결코 볼 수 없다. 그러나 마음으로 악행을 짓는 이에게 좋지 않고 즐겁지 않으며 기쁘지 않은 과보가 생긴다는 것은 이치로서 가능하며 그 가능성은 볼 수 있다.

또한 몸으로 선행을 짓는 이에게 좋지 않고 사랑스럽지

않으며 즐겁지 않은 과보가 생긴다는 것은 이치로서 불가능하며 있을 수 없고, 그 가능성은 결코 볼 수 없다. 그러나 몸으로 선행을 짓는 이에게 좋아할 만하고 사랑할 만하며 즐거운 과보가 생긴다는 것은 이치로서 가능하며 그 가능성은 볼 수 있다.

또 입으로 선행을 짓는 이에게 좋지 않고 사랑스럽지 않으며 즐겁지 않은 과보가 생긴다는 것은 이치로서 불가능하며 있을 수 없고, 그 가능성은 결코 볼 수 없다. 그러나 입과 마음으로 선행을 짓는 이에게 좋아할 만하고 사랑할 만하며 즐거운 과보가 생긴다는 것은 이치로서 가능하며 그 가능성은 볼 수 있다.

또 마음으로 선행을 짓는 이에게 좋지 않고 사랑스럽지 않으며 기쁘지 않은 과보가 생긴다는 것은 이치로서 불가능하며 있을 수 없고, 그 가능성은 결코 볼 수 없다. 그러나 마음으로 선행을 짓는 이에게 좋아할 만하고 사랑할 만하며 기쁜 과보가 생긴다는 것은 이치로서 가능하며 그 가능성은 볼 수 있다.

또한 몸과 입과 마음으로 악행을 쌓은 이가 육체가 무너져 죽은 다음 그러한 악행의 결과로 좋은 곳, 천계에 태어난다는 것은 이치로서 불가능하며 있을 수 없고, 그 가능성은 결코 볼 수 없다.

그러나 몸과 입과 마음으로서 악행을 쌓지 않은 이가 육체가 무너져 죽은 다음 그러한 악행의 결과로 고통스러운 곳, 나쁜 곳, 파멸의 세계, 지옥에서 태어난다는 것은 이치로서 가능하고, 그 가능성은 볼 수 있다.

또한 몸과 입과 마음으로서 선행을 쌓은 이가 육체가 무너져 죽은 다음 그러한 선행의 결과로 고통스러운 곳, 나쁜 곳, 파멸의 세계, 지옥에 태어난다는 것은 이치로서 불가능하며 있을 수 없고, 그 가능성은 결코 볼 수 없다. 그러나 몸과 입과 마음으로 선행을 쌓은 이가 육체가 무너져 죽은 다음 그러한 선행의 결과로 좋은 곳, 천계에 태어난다는 것은 이치로서 가능하고 그 가능성은 볼 수 있다.

아난다여! 이상과 같이 안다면, 그 점에서 '비구가 〈이치로서 가능한 것〉·〈불가능한 것〉에 대해 환히 안다'고 능히 말할 수 있다."

이 경의 이름

이와 같이 설하시자 아난다 존자는 세존께 사뢰었다.
"세존이시여! 훌륭하십니다. 참으로 훌륭하십니다. 스승님! 가르침을 총정리한 이 설명법을 무엇이라 이름붙이면 좋겠습니까?"
"아난다여! 가르침을 총정리한 이 설명법을 '존재의 다양한 세계〔多界〕'라 명명하고, 이것을 수지하여라. 또 '4장(四章)으로 구성된 것〔四品〕'[7]'이라 명명하고 수지하여라. 또 '

불사(不死)의 북', '위없는 전쟁의 승리'라 명명하고 수지하여라."
아난다 존자는 기뻐하면서 세존의 말씀을 찬탄하였다.

4. 바른 길과 삿된 길
(大四十經)

4. 바른 길과 삿된 길
(大四十經)

성스럽고 바른 정신통일

이와 같이 나는 들었다.

어느 때 세존께서 쉬라바스티의 기원정사에 머물고 계셨다.

"비구들이여! 나는 그대들에게 조건[8]을 구비하고 요건[9]을 갖춘, 성스럽고 바른 정신통일을 교시하리라. 그것을 듣고 잘 생각하여라. 나는 설하리라."

"세존이시여! 명심하겠습니다"라고 비구들은 세존께 대답하였다.

세존께서는 다음과 같이 설하셨다.

"비구들이여! 그럼 조건을 구비하고 요건을 갖춘, 성스럽고 바른 정신통일이란 무엇이겠는가.

비구들이여! 바른 견해 · 바른 사유(思惟) · 바른 말 · 바른 행동 · 바른 생활 · 바른 노력 · 바른 사념의 항목이 있다.

만약 마음을 한 곳에 집중시키는 자가 이것을 구비한다면, 이것이 조건을 구비한 성스럽고 바른 정신통일임과 동시에 요건을 갖춘 성스럽고 바른 정신통일이라고 말할 수 있다.

바른 견해

비구들이여! 이때 바른 견해는 다른 것보다 중요하다. 어째서 바른 견해는 중요한 것인가.

삿된 견해는 삿된 견해라 알고, 바른 견해는 바른 견해라 아는 사람에게는 이 바른 견해가 있는 것이다.

비구들이여! 삿된 견해가 무엇인가. 보시(布施) · 제사 · 공양물은 무의미하여, 선행 · 악행의 결과나 과보 따위는 없다. 이 세상은 존재하지 않고, 저 세상도 존재하지 않는다. 어머니도 없고 아버지도 없다. 또 화생(化生)[10]의 생명체도 존재하지 않는다.

그리고 최고의 경지에 도달하고 바르게 실천하며, 이 세상이나 저 세상을 스스로 밝히고 깨달았으며, 그것을 실천하려는 사문 · 바라문들도 이 세간에 존재하지 않는다. 이것이 삿된 견해이다.

비구들이여! 그렇다면 바른 견해란 무엇이겠는가. 나는 바른 견해에 두 가지가 있다고 설한다. 유루(有漏)의 바른 견해와 무루(無漏)의 바른 견해가 그것이다.

　유루의 바른 견해는 부분적으로 복덕을 지니며 과보로써 몸이라는 제약을 초래하지만 무루의 바른 견해는 성스럽고 티끌이 없어 세간을 초월한 길이다.

　비구들이여! 그렇다면 아직 더러움이 존재하는 유루의 바른 견해란 무엇이겠는가. 보시(布施)·제사·공양물은 의미 있으며, 선행·악행의 결과나 과보는 있다. 이 세상은 존재하고 저 세상도 존재한다. 어머니도 있고 아버지도 있다. 또 화생의 생명체도 존재한다. 그리고 최고의 경지에 도달하고 바르게 실천하며, 이 세상이나 저 세상을 스스로 밝히고 깨달았으며, 그것을 설시하려는 사문·바라문들도 이 세간에 존재한다.

　비구들이여! 이것이 바른 견해이다.

　또 비구들이여! 그렇다면 더러움이 없는 무루의 바른 견해란 무엇이겠는가. 성스러운 마음·더럽지 않은 마음을 갖고 성스러운 길을 몸에 익히며, 성스러운 길을 닦고 있는 사람들에게 나타나는 지혜, 지혜의 능력, 지혜의 힘, 깨달음의 요건인 법을 바르게 분별하고 판단하는 지혜[擇法覺支][11] 길(道)이 부분이 되는 바른 견해, 이것이 무루의 바른 견해이다.

　삿된 견해를 버리기 위해, 바른 견해를 체득하기 위해 노력하는 사람에게는 바른 노력이 있다. 그가 바르게 마음을 두루 미치게 하고 삿된 견해를 버리며, 바른 견해를 체득하여 살아간다면, 그에게는 바른 사념(思念)이 있다.
 이와 같이 그에게는 이러한 세 가지가 바른 견해에 따라 함께 생하고 함께 전개한다. 즉 바른 견해·바른 노력·바른 사념이다.

바른 사유

 비구들이여! 그 경우 바른 견해는 무엇보다도 중요하다. 비구들이여! 어째서 바른 견해는 중요한 것인가?
 삿된 사유는 삿된 사유라 알고, 바른 사유는 바른 사유라 아는 사람에게는 이 바른 견해가 있다.
 그럼 삿된 사유란 무엇이겠는가. 애욕의 사유·증오의 사유·상해(傷害)의 사유, 이것이 삿된 사유이다.
 그럼 바른 사유란 무엇이겠는가. 나는 바른 사유에는 두 가지가 있다고 설한다. 유루의 바른 사유와 무루의 바른 사유가 그것이다. 유루의 바른 사유는 부분적으로 복덕을 지니며 과보로써 몸이라는 제약을 초래하지만, 무루의 바른 사유는 성스럽고 티끌이 없어 세간을 초월한 길이다.
 그렇다면 유루의 바른 사유란 무엇이겠는가. 탈속하려는 사유·증오하지 않는 사유·해치지 않는 사유이다.
 그렇다면 무루의 바른 사유란 무엇이겠는가. 성스러운 마음·더럽지 않은 마음을 갖고 성스러운 길을 몸에 익히며,

아함경

성스러운 길을 닦고 있는 사람들에게 나타나는 사색·추구
·사유·응집·마음의 집중·마음의 확립·말을 형성하는
힘이다. 비구들이여! 성스럽고 더럽지 않으며, 세긴을 초월
한 길(道)의 항목으로서 바른 사유이다.

 삿된 사유를 버리기 위해, 바른 사유를 체득하기 위해 노력하는 사람에게는 바른 노력이 있다. 그가 마음을 바르게 확립하고 삿된 사유를 버리며 바른 사유를 체득하여 살아간다면, 그에게는 바른 사념이 있다.

 이와 같이 그에게는 이러한 세 가지가 바른 사유에 따라 함께 생하고 함께 전개한다. 즉 바른 견해·바른 노력·바른 사념이다.

바른 말

 비구들이여! 그 경우 바른 견해는 중요하다. 그럼 어째서 바른 견해는 중요한가?

 삿된 말은 삿된 말이라 알고, 바른 말은 바른 말이라 아는 사람에게는 이 바른 견해가 있다.

 그럼 삿된 말이란 무엇이겠는가. 거짓말·중상모략하는 말·거칠은 말·무의미한 말이다.

 그럼 바른 말이란 무엇이겠는가. 나는 바른 말에는 두 가지가 있다고 설한다. 즉 유루와 무루의 바른 말이다.

바른 길과 삿된 길

비구들이여! 그렇다면 어떤 것이 유루의 바른 말인가. 거짓말·중상모략하는 말·거칠은 말·무의미한 말을 떠난 것, 이것이 유루의 바른 말이다.

비구들이여! 그렇다면 무루의 바른 말이란 무엇이겠는가. 성스러운 마음·더럽지 않은 마음을 갖고 성스러운 길을 몸에 익히며, 성스러운 길을 닦고 있는 사람들에게 나타나는, 말의 네 가지 악행을 싫어하고, 회피하며 멀리하고 떠난 것, 이것이 무루의 바른 말이다.

삿된 말을 버리기 위해, 바른 말을 체득하기 위해 노력하는 사람에게는 바른 노력이 있다. 그가 바르게 마음을 두루 미치게 하며 삿된 말을 버리고, 바른 말을 체득하여 살아간다면, 그에게는 바른 사념이 있다.

이와 같이 그에게는 이러한 세 가지가 바른 말에 함께 생하고 함께 전개한다. 즉 바른 견해·바른 노력·바른 사념이다.

바른 행동

비구들이여! 그 경우 바른 견해는 무엇보다도 중요하다. 어째서 바른 견해는 중요한 것인가?

삿된 행동을 삿된 행동이라 알고, 바른 행동을 바른 행동이라 아는 사람에게는 이 바른 견해가 있다.

아함경

그럼 삿된 행동이란 무엇이겠는가. 살생·도둑질·애욕에 사로잡힌 음란한 행동이 있으니 이것이 삿된 행동이다.

그럼 바른 행동이란 무엇이겠는가. 나는 바른 행동에는 두 가지가 있다고 설한다. 즉 유루의 바른 행동과 무루의 바른 행동이다.

비구들이여! 그렇다면 유루의 바른 행동이란 무엇이겠는가. 살생·도둑질·애욕에 사로잡힌 음란한 행동을 떠난 것이니 이것이 유루의 바른 행동이다.

비구들이여! 그렇다면 무루의 바른 행동이란 무엇이겠는가. 성스러운 마음·더럽지 않은 마음을 갖고 성스러운 길을 몸에 익히며, 성스러운 길을 닦고 있는 사람들에게 나타나는, 몸의 세 가지 악행을 싫어하고 회피하며, 멀리하고 떠난 것, 이것이 무루의 바른 행동이다.

삿된 행동을 버리기 위해, 바른 행동을 체득하기 위해 노력하는 사람에게는 바른 노력이 있다. 그가 바르게 마음을 두루 미치게 하며 삿된 행동을 버리고, 바른 행동을 체득하여 살아간다면, 그에게는 바른 사념이 있다.

이와 같이 그에게는 이러한 세 가지가 바른 행동에 따라 함께 생기고 함께 전개한다. 즉 바른 견해·바른 노력·바른 사념이다.

바른 생활

비구들이여! 그 경우 바른 견해는 무엇보다도 중요하다. 어째서 바른 견해는 중요한 것인가?

삿된 생활을 삿된 생활이라 알고, 바른 생활을 바른 생활이라 아는 사람에게는 이 바른 견해가 있다.

그럼 삿된 생활이란 무엇이겠는가. 사기 · 점을 침 · 속임 · 이익을 보고서도 이익을 탐냄이니 이것이 삿된 생활이다.

그럼 바른 생활이란 무엇이겠는가. 나는 바른 생활에는 두 가지가 있다고 설한다. 유루의 바른 생활과 무루의 바른 생활이다.

비구들이여! 그렇다면 유루의 바른 생활이란 무엇이겠는가. 예를 들어 성자의 제자가 삿된 생활을 버리고, 바른 생활법으로서 생활을 영위한다면 이것이 유루의 바른 생활이다.

비구들이여! 그렇다면 무루의 바른 생활이란 무엇이겠는가. 성스러운 마음 · 더럽지 않은 마음을 갖고 성스러운 길을 몸에 익히며, 성스러운 길을 닦고 있는 사람들에게 나타나는, 삿된 생활을 싫어하고 회피하며, 멀리하고 떠난 것, 이것이 무루의 바른 행동이다.

삿된 생활을 버리기 위해, 바른 생활을 체득하기 위해 노력하는 사람에게는 바른 노력이 있다. 그가 바르게 마음을

아함경

두루 미치게 하며 삿된 생활을 버리고, 바른 생활을 체득하여 살아간다면, 그에게는 바른 사념이 있다.
　이와 같이 그에게는 이러한 세 가지가 바른 생활에 따라 함께 생기고 함께 전개한다. 즉 바른 견해·바른 노력·바른 사념이다.

팔정도 · 지혜 · 해탈

　비구들이여! 그 경우 바른 견해는 무엇보다도 중요하다. 어째서 바른 견해는 중요한 것인가?
　비구들이여! 바른 견해의 사람에게는 바른 사유가 일어난다. 바른 사유의 사람에게는 바른 말이 생긴다. 바른 말을 하는 사람은 바른 행동을 한다. 바른 행동을 하는 사람은 바른 생활을 영위한다. 바른 생활을 하는 사람은 바른 노력을 한다. 바른 노력을 하는 사람에게는 바른 사념이 일어난다. 바른 사념이 일어나는 사람에게는 바른 정신통일이 있다. 바른 정신통일을 하는 사람에게는 바른 지혜가 생긴다. 바른 지혜가 있는 사람은 바른 해탈을 얻는다.
　비구들이여! 이와 같이 하여 여덟 가지 덕목을 몸에 구비한 학자와 열 가지 덕목을 몸에 구비한 성자가 나타난다.

20가지 선한 것과 20가지 선하지 않은 것

비구들이여! 그 경우 바른 견해는 무엇보다도 중요하다. 어째서 바른 견해는 중요한 것인가?

비구들이여! 바른 견해의 사람에게는 삿된 견해는 멸한다. 또 삿된 견해로 인하여 생기는 착하지 않은 무수한 것도 멸한다. 그리고 바른 견해를 인연하는 무수한 선함은 완전히 닦고 익히게 된다.

비구들이여! 바른 사유의 사람에게는 삿된 사유가 멸한다. 또 삿된 사유를 인연하여 생기는 착하지 않은 무수한 것도 멸한다. 그리고 바른 사유를 인연하는 무수한 선함은 완전히 닦고 익히게 된다.

비구들이여! 바른 말을 하는 사람에게는 삿된 말이 멸한다. 또 삿된 말을 인연하여 생기는 착하지 않은 무수한 것도 멸한다. 그리고 바른 말을 인연하는 무수한 선함은 완전히 닦고 익히게 된다.

비구들이여! 바른 행동의 사람에게는 삿된 행동이 멸한다. 또 삿된 행동을 인연하여 생기는 착하지 않은 무수한 것도 멸한다. 그리고 바른 행동을 인연하는 무수한 선함은 완전히 닦고 익히게 된다.

비구들이여! 바른 생활을 하는 사람에게는 삿된 생활이 멸한다. 또 삿된 생활을 인연하여 생기는 착하지 않은 무수한 것도 멸한다. 그리고 바른 생활을 인연하는 무수한 선함은 완전히 닦고 익히게 된다.

비구들이여! 바른 노력을 히는 사람에게는 삿된 노력이 멸한다. 또 삿된 노력을 인연하여 생기는 착하지 않은 무수한 것도 멸한다. 그리고 바른 노력을 인연하는 무수한 선함은 완전히 닦고 익히게 된다.

비구들이여! 바른 사념의 사람에게는 삿된 사념이 멸한다. 또 삿된 사념를 인연하여 생기는 착하지 않은 무수한 것도 멸한다. 그리고 바른 사념를 인연하는 무수한 선함은 완전히 닦고 익히게 된다.

비구들이여! 바르게 정신통일을 하는 사람에게는 삿된 정신통일이 멸한다. 또 삿된 정신통일을 인연하여 생기는 착하지 않은 무수한 것도 멸한다. 그리고 바른 정신통일을 인연하는 무수한 선함은 완전히 닦고 익히게 된다.

비구들이여! 바른 지혜의 사람에게는 삿된 지혜가 멸한다. 또 삿된 지혜를 인연하여 생기는 착하지 않은 무수한 것도 멸한다. 그리고 바른 지혜를 인연하는 무수한 선함은 완전히 닦고 익히게 된다.

비구들이여! 바르게 해탈한 사람에게는 삿된 해탈은 멸한다. 또 삿된 해탈을 인연하여 생기는 착하지 않은 무수한 것도 멸한다. 그리고 바른 해탈을 인연하는 무수한 선함은 완전히 닦고 익히게 된다.

이와 같이 비구들이여! 20가지 선한 것과 20가지 선하지 않은 것이 있다. 수승한 40가지 부문에 대한 진리의 가르침이 이미 펼쳐졌으니, 이것은 사문이나 바라문·신·악마·범천, 혹은 세간의 어떤 사람도 거스를 수는 없다.

진리의 가르침을 비난하는 자에 대한 10가지 논란

비구들이여! 어떤 사문이나 바라문일지라도 만약 그가 이 수승한 40가지 부문에 대한 진리의 가르침을 비난할 만하고 책망할 만한 것이라고 생각한다면, 이 현세에서 진리에 입각한 10가지 어려운 논쟁이 그에게 생길 것이다.

만약 존자가 바른 견해를 비난한다면, 그때 존자는 삿된 견해를 지닌 사문·바라문들을 존경하고 찬탄하게 된다.

만약 존자가 바른 사유를 비난한다면, 그때 존자는 삿된 사유를 지닌 사문·바라문들을 존경하고 찬탄하게 된다.

만약 존자가 바른 말과, 바른 행동·바른 생활·바른 노력·바른 사념·바른 지혜·바른 해탈을 비난한다면, 그때 존자는 삿된 해탈을 지닌 사문·바라문들을 존경하고 찬탄하게 된다.

비구들이여! 어떤 사문 혹은 바라문일지라도 만약 그가 이 수승한 40가지 부문에 대한 진리의 가르침을 비난할 만하고 책망할 만한 것이라고 생각한다면, 이 현세에서 진리에 입각한 10가지 어려운 논쟁이 그에게 생길 것이다.

아함경

비구들이여! 무인론자(無因論者)¹²⁾・무행위론자(無行爲論者)¹³⁾・허무론자인 그들조차 수승한 40가지 부문에 대한 진리의 가르침을 비난할 만하고 책망할 만한 것이라고는 생각하지 않을 것이니 그것은 어째서인가. 비난이나 분노・질책을 두려워하기 때문이다."

이상과 같이 세존께서 설하셨다.

비구들은 감격하여 세존께서 설하신 바를 기뻐하며 받들어 행하였다.

5. 공(空)의 여러 모습
(空大經)

5. 공(空)의 여러 모습
(空大經)

카라케마카정사(精舍)

이와 같이 나는 들었다.

세존께서 한때 석가족 사람들이 살고 있는 카피라바스투성의 니그로다동산에 머무셨다.

그때 세존께서 이른 아침에 가사를 입으시고 발우를 들고 탁발을 하기 위해 카피라바스투성으로 들어갔다. 성 안을 다니면서 탁발하여 공양을 끝내고서 석가족의 카라케마카정사로 돌아왔다.

그때 석가족의 카라케마카정사에는 많은 방석이 준비되어 있었다. 세존께서는 이것을 보시고 '석가족의 카라케마카정사에는 많은 방석이 준비되어 있는데, 이곳에는 많은 비구가 살고 있는 것일까'라고, 생각하셨다.

그때 아난다존자는 마침 많은 비구들과 함께 석가족의 가야정사에서 옷을 만들고 있었다. 세존은 저녁 무렵 선정의 자리에서 일어나, 가타야정사의 마련된 자리에 앉으셨다. 그리고 나서 존자 아난다에게 말씀하셨다.

"아난다여! 석가족의 카라케마카정사에는 많은 방석이 준비되어 있는데, 그곳에는 많은 비구가 살고 있는가?"

"세존이시여! 석가족의 카라케마카정사에는 많은 방석이 준비되어 있습니다. 그곳에는 많은 비구가 살고 있습니다. 그래서 저희들은 부지런히 옷 만드는 일을 해야만 합니다."

모임에서 멀리하라

"아난다여! 모임을 기뻐하고 모임에 매료되며 모임의 즐거움에 빠진 비구, 또는 모임을 기뻐하고 모임에 매료되며 모임에 마음을 빼앗긴 비구는 빛을 발할 수 없다.

아난다여! 모임을 기뻐하고 모임에 매료되며 모임의 즐거움에 빠진 비구, 또는 모임을 기뻐하고 모임에 매료되며 모임에 마음을 빼앗긴 비구는 벗어나기의 즐거움·멀리 벗어나기의 즐거움·적정의 즐거움·정각의 즐거움을 쉽게 얻을 수 없다.

아난다여! 모임에서 멀리하고 있는 비구가 기대하는 것은 벗어나기의 즐거움·멀리 벗어나기의 즐거움·적정의 즐거움·정각의 즐거움이다. 그는 그와 같은 즐거움을 쉽게 얻을 수 있다.

아난다여! 모임을 기뻐하고 모임에 매료되며 모임의 즐거움에 빠진 비구는 '시애심해탈(時愛心解脫)'[14]을 완성하여 그 경지에 머문다는 것, 혹은 '부동심해탈(不動心解脫)'을 완성하여 그 경지에 머문다는 것은 이치상 가능한 것이다.

아난다여! '시애심해탈'을 완성하여 그 경지에 머문다는 것, 혹은 '부동심해탈'을 완성하여 그 경지에 머문다는 것은 집단에서 멀리 떠나 있는 비구만이 기대할 수 있는 것이 이치이다.

아난다여! 욕망의 대상인 물질이 변하지 않고 변하지 않으므로 근심·슬픔·괴로움·번뇌·번민의 원인이 되지 않는 물질을 나는 단 하나도 보지 못했다.

내계(內界)의 공(空)과 외계의 공

아난다여! 여래는 '모든 형상을 마음에 새겨 두지 않고 내계(內界)의 공(空)[15]을 실현하여 머문다'고 하는 경지를 바르게 깨달았다.

아난다여! 만약 비구·비구니·남녀 재가신자·국왕·관료·이교도·이교도의 제자들이 이 경지에 머물고 있는 여래의 문하에 오면, 그때 여래는 멀리 여읨에 기울고, 멀리 여읨을 향하여, 멀리 여읨을 목표로 하는 마음을 지니고, 또

공(空)의 여러 모습

멀리 여읨을 이루며, 벗어남을 기뻐하고 집착을 멸한 마음을 갖고 더러움의 원인을 멀리 초월한 진리를 설한다.

그러므로 만약 비구가 내계의 공을 실현하여 그곳에 머물고자 원한다면, 그는 마음을 내계에 안정시키고 집중하여 통일시켜야만 한다.

아난다여! 비구는 어떻게 마음을 내계에 안정시키고, 집중하여 통일하는가.

아난다여! 비구는 먼저 욕망을 떠나고, 불선(不善)을 멀리 떠나야 하며 그러한 멀리 떠남에서 생겨난 기쁨과 안락이 있는 선정(禪定), 즉 제1단계[初禪]에 도달하여 그곳에 머문다. 제1단계의 선정에는 거칠은 사고와 섬세한 사고가 있다.

다음에는 그것을 청정하게 하여 생겨난 기쁨과 안락이 있는 선정, 즉 제2단계[第二禪]에 도달하여 그곳에 머문다. 이 단계의 선정에서는 내면의 정화와 마음의 집중은 있지만 거칠은 사고와 섬세한 사고는 이미 사라진다.

다음에는 기쁨을 떠나고 어떤 일에도 평정하며, 바른 마음가짐과 바른 인식을 가져 몸에서 안락함을 느끼는 선정, 즉 제3단계[第三禪]에 도달하여 머문다. 이 단계의 선정은 성인들이 '어떤 일에도 평정하고 바른 마음가짐을 지녀, 안락함 속에 머문다'고 설한다.

그리고 마지막에 안락함과 괴로움을 버리고, 모든 환희와 근심도 멸한 괴롭지도 않고 즐겁지도 않은 선정, 즉 제4단계[第四禪]에 도달하여 그곳에 머문다. 이곳에 도달하면 평정함과 바른 마음가짐에 의한 완전한 청정함을 획득한다.
 아난다여! 이와 같이 하여 비구는 마음을 내계에 안정시키고, 정지·집중하여 통일한다.
 그리하여 그는 '내계의 공(空)'을 마음에 새겨 둔다. 그러나 그가 내계의 공을 마음에 새겨 두었을 때, 마음은 내계의 공에 약진하지 않고 가라앉지 않으며, 구속을 벗어나지 않는다면, 그때 저 비구는 다음과 같이 깨닫는다.
 '나는 내계의 공을 마음에 새겨 두고 있는데, 마음은 내계의 공에 약진하지 않고 가라앉지 않으며, 구속을 벗어나지 못한다.'
 이때 그는 '내계의 공'에 대해 바른 지혜를 얻은 이가 된 것이다.
 또 그는 '외계의 공'을 마음에 새겨 둔다.
 또 그는 '내계와 외계의 두 가지 공'을 마음에 새겨 둔다.
 또 그는 '부동(不動)'을 마음에 새겨 둔다. 그러나 그가 부동을 마음에 새겨 두었을 때, 마음이 부동에 약진하지 않고 가라앉지 않으며 구속을 벗어나지 못한다.
 이때 그는 '부동'에 대해 바른 지혜를 얻은 이가 된 것이다.
 아난다여! 선정이 궁극의 상태에 도달했을 때 비구는 마음을 내계에 대해 안정·정지·집중·통일해야만 한다. 그리고 그는 '내계의 공'을 마음에 새겨 둔다.
 그가 내계의 공을 마음에 새겨 두고 있을 때, 마음이 내계

공(空)의 여러 모습

의 공에 약진하고 가라앉으며, 안정되어 구속을 벗어난다면, 아난다여! 그때 비구는 다음과 같이 깨닫는다.

'나는 내계의 공을 마음에 새겨 두고 있는데, 마음은 내계의 공에 약진하고 가라앉으며, 구속을 벗어난다.'

이때 그는 '내계의 공'에 대해 바른 지혜를 얻은 이가 된 것이다.

또 그는 '외계의 공'을 마음에 새겨 둔다.

또 그는 '내계와 외계의 두 가지 공'을 마음에 새겨 둔다.

또 그는 '부동'을 마음에 새겨 둔다. 그가 부동을 마음에 새겨 두었을 때, 마음이 부동에 약진하고 가라앉으며 안정되어 구속을 벗어난다면, 그때 이 비구는 다음과 같이 깨닫는다.

'내가 부동을 마음에 새기고 있을 때 마음은 부동에 약진하고 가라앉으며, 안정되어 구속을 벗어난다.'

이때 그는 '부동'에 대해 바른 지혜를 얻은 이가 된 것이다.

일상생활에 대한 공의 경지와 바른 지혜

아난다여! 비구가 이와 같은 공의 경지에 들어 있을 때, 마음이 '경행(經行), 천천히 걷는 것'하기를 지향하면, 그는 경행을 한다. 그리고 '이와 같이 경행하고 있는 나에게 욕심이나 근심, 악함이나 착하지 않음은 마땅히 흘러 들어오지 않는다'고 깨닫는다. 이때 그는 '경행'에 대해 바른 지혜를 얻은 이가 된다.

아난다여! 비구가 이와 같은 공의 경지에 들어 있을 때, 마음이 '멈춰 서 있기를 지향하면, 그는 서 있는다. 그리고 '이와 같이 서 있는 나에게 욕심이나 근심, 악함이나 착하지 않음은 마땅히 흘러들어오지 않는다'고 깨닫는다. 이때 그는 '멈춰 서 있는 것'에 대해 바른 지혜를 얻은 이가 된다.

아난다여! 비구가 이와 같은 공의 경지에 들어 있을 때, 마음이 '좌선(坐禪)'을 지향하면, 그는 좌선을 행한다. 그리고 '이와 같이 좌선하는 나에게 욕심이나 근심, 악함이나 착하지 않음은 마땅히 흘러 들어오지 않는다'고 깨닫는다. 이때 그는 '앉아 있는 것'에 대해 바른 지혜를 얻은 이가 된다.

아난다여! 비구가 이와 같은 공의 경지에 들어 있을 때, 마음이 누워 있는 것을 지향하면, 누워 있는다. 그리고 '이와 같이 누워 있는 나에게 욕심이나 근심, 악함이나 착하지 않음도 마땅히 흘러 들어오지 않는다'고 깨닫는다. 이때 그는 '누워 있는 것'에 대해 바른 지혜를 얻은 이가 된다.

담론에 대한 바른 지혜

아난다여! 비구가 이와 같은 공의 경지에 들어 있을 때,

공(空)의 여러 모습

마음이 '담론(談論)'을 지향하면, 그는 담론에 대해 다음과 같이 한다.

'담론 가운데는 하열하여 비천하고 저속하여 성스럽지 않으며, 목적에 부합하지 않는 담론 및 번뇌의 소멸·마음의 평정에 도움이 되지 않는 담론 내지 수승한 지혜나 바른 깨달음·열반을 향하지 않는 담론이 있다.

그와 같은 담론이란, 예를 들면 국왕이야기·도둑이야기·관료이야기·군대이야기·공포이야기·전쟁이야기·음식이야기·의복이야기·침구이야기·장식품이야기·향료이야기·친척이야기·수레이야기·마을이야기·읍내이야기·도시이야기·나라이야기·여자이야기·영웅이야기·항구의 소문·우물가의 소문·죽은 사람의 이야기·잡담·세계기원론·해양론·물질의 있고 없음을 묻는 이야기 등이다.

나는 이런 종류의 담론은 하지 않으려 한다.'

이때 그는 '담론'에 대해 바른 지혜를 얻은 사람이다.

아난다여! 또 그는 다음과 같이 깨닫는다.

'담론 가운데는 번뇌를 감소시키고, 마음의 가림을 걷어주며, 오로지 염리·이욕·번뇌의 소멸·마음의 평안·수승한 지혜·바른 깨달음·열반의 획득에 도움이 되는 것이 있다. 그와 같은 담론이란, 예를 들면 소욕론·지족론·원리론(遠離論)·불교제론(不交際論)·정진노력론·계론(戒論)·선정론(禪定論)·지혜론·해탈론·해탈지론 등이다. 나

는 이러한 종류의 담론을 하려고 한다.'

이 때에도 그는 '담론'에 대해 바른 지혜를 얻은 사람이다.

성찰에 대한 바른 지혜

아난다여! 비구가 이와 같은 공의 경지에 들어 있을 때, 마음이 '성찰(省察)'을 지향하면, 그는 성찰에 대해 다음과 같이 깨닫는다.

'무릇 성찰 가운데는 하열하여 비천하고, 저속하여 성스럽지 않으며, 목적에 부합하지 않고 또 염리 · 이욕 · 번뇌의 소멸 · 마음의 평정 · 수승한 영지 · 바른 깨달음 · 열반에 도움이 되지 않는 것이 있다. 즉 애욕의 성찰 · 성냄의 성찰 · 해침의 성찰이다. 나는 이러한 종류의 성찰을 일으키지 않는다'.

이때 그는 '성찰'에 대해 바른 지혜를 얻은 사람이 된다.

아난다여! 또 그는 다음과 같이 인지한다.

'무릇 성찰 가운데는 성스러워 출리(出離)로 나아가고, 그 성찰을 성취한 이는 바른 고멸(苦滅)로 나아가는 사람이다. 즉 그것은 출리의 성찰 · 욕심 없음의 성찰 · 해치지 않음의 성찰이다. 나는 이러한 종류의 성찰을 하리라'.

이때에도 그는 '성찰'에 대해 바른 지혜를 얻은 사람이 된다.

다섯 가지 애욕의 대상과 바른 지혜

아난다여! 여기에 '다섯 가지 애욕의 대상'[五欲]이 있다. 그 오욕이란 어떤 것인가?

첫째, 눈으로 지각되는 물질이다. 물질은 욕망과 애착을 일으키고, 즐거움과 쾌락을 주며 사람을 애욕에 사로잡히게 하고, 더러운 마음을 일으키게 한다.

둘째, 귀로 지각되는 소리이다.

셋째, 코로 지각되는 향기이다.

넷째, 혀로 지각되는 맛이다.

다섯째, 몸으로 지각되는 감촉이다.

이러한 다섯 가지도 욕망과 애욕을 일으키고, 즐거움과 쾌락을 주며 사람을 애욕에 사로잡히게 하고, 더러운 마음을 일으키게 한다.

아난다여! 이러한 다섯 가지가 애욕의 대상이다.

비구는 이러한 것에 대한 스스로의 마음을 항상 관찰해야만 한다. 그리고 자신의 마음이 이러한 다섯 가지 애욕의 대상 가운데서 어느 하나를 의지처로 하여 활동하고 있는지를 관찰해야만 한다.

아난다여! 만약 비구가 '나의 마음은 다섯 가지 애욕의 대상 가운데서 어느 하나를 의지처로 하여 활동하고 있다'고 관찰한다면, 아난다여! 그때 비구는 '나는 이러한 다섯 가지 애욕의 대상에 대해 욕망을 아직 단절하지 못했다'고 깨닫는다.

이때 그는 '다섯 가지 애욕의 대상이 아직 단절되지 않은 것'에 대해 바른 지혜를 얻은 사람이 된다.

다시 또 아난다여! 만약 비구가 '나의 마음은 다섯 가지 애욕의 대상 가운데서 어느 하나를 의지처로 하여 활동을 일으키지 않는다'고 관찰한다면, 그때 비구는 '나는 이러한 다섯 가지 애욕의 대상에 대해 욕망을 단절했다'고 깨닫는다.

이때 그는 '다섯 가지 욕망의 대상이 단절된 것'에 대해 바른 지혜를 얻은 사람이 된다.

다섯 가지 집착을 일으키는 요소와 바른 지혜

아난다여! 여기에 '다섯 가지 집착을 일으키는 요소의 집합'(五取蘊)이 있다. 비구는 이것의 생기(生起)와 소멸에 대해 반복하여 관찰하도록 노력해야만 한다.

즉 이것이 물질[色]이다. 이것이 물질의 생기이다. 이것이 물질의 소멸이다. 이것이 감수작용[受]이다. 이것이 감수작용의 생기이다. 이것이 감수작용의 소멸이다. 이것이 표상작용[想]이다. 이것이 표상작용의 생기이다. 이것이 표상작용의 소멸이다. 이것이 의지작용[行]이다. 이것이 의지작용의 생기이다. 이것이 의지작용의 소멸이다. 이것이 의식작용[識]이다. 이것이 의식작용의 생기이다. 이것이 의식작용의 소멸이다라고 반복하여 관찰해야만 한다.

  비구가 이러한 다섯 가지 집착을 일으키는 요소의 집합에 대해 계속 반복 관찰하면, 비구의 '자기 자신'이라고 하는 아만심(我慢心)은 사라진다.

  아난다여! 그때 비구는 '나는 다섯 가지 집착을 일으키는 요소의 집합을 단절하였다'고 깨닫는다.

  이때 그는 '다섯 가지 집착을 일으키는 요소의 집합이 단절된 것'에 대해 바른 지혜를 얻은 사람이다.

  아난다여! 이러한 교법이야말로 오로지 선함으로 나아가게 하는 것이며, 성스러운 것이고 세속을 초월한 것이며, 악마가 기회를 엿볼 틈을 주지 않는 것이다."

스승을 따르는 의의

"아난다여! 그대는 어떻게 생각하는가. 무슨 도리를 깨달았기에 불제자들은 스승을 절대적으로 따르는가?"

"세존이시여! 그것은 우리들 불제자가 수지하는 법이, 세존을 근본으로 하고 세존을 이끌어주는 스승으로 삼으며,

세존을 귀의처로 하기 때문입니다.

세존이시여! 부디 세존께서 설하신 법을 한층 더 분명하게 밝혀주소서. 비구들은 세존으로부터 그것을 듣고 수지할 것입니다."

"아난다여! 단순히 세존이 설한 말이나 시구의 의미를 해설한다는 이유만으로 스승을 삼아서는 아니된다.

왜냐하면 아난다여! 모든 법은 오랜 동안 청문·수지되고, 언어에 의해 종류별로 모아지며 뜻으로 성찰되고, 관찰에 의해 숙지되고 있기 때문이다.

아난다여! 뿐만 아니라, 번뇌를 감소시키고 마음의 가림을 맑게 걷어주며, 한결같이 염리·이욕·번뇌의 소멸·마음의 평안·수승한 지혜·바른 깨달음·열반의 획득에 도움이 되는 담론, 즉 소욕론·지족론·원리론(遠離論)·불교제론(不交際論)·정진노력론·계론(戒論)·선정론(禪定論)·지혜론·해탈론·해탈지견론 등, 이러한 종류의 담론을 하기 때문에 제자는 스승에게 절대적으로 따르게 되는 것이다.

스승의 번뇌 · 제자의 번뇌 · 청정한 수행자의 번뇌

그렇지만 아난다여! 그 경우에도 스승으로서의 번뇌, 제자로서의 번뇌, 범행자(청정한 수행자)로서의 번뇌가 여전히

공(空)의 여러 모습

존재한다.

그럼 아난다여! 스승으로서의 번뇌란 어떤 것인가?

아난다여! 어떤 스승은 인적이 드문 처소나 숲·나무 아래·산·산골짜기·동굴·묘지·수풀·공지(空地)·짚더미에 거처한다. 그러한 그의 곁에 바라문이나 가장(家長)·시민·마을 사람이 줄을 지어 찾아온다. 그는 줄을 지어 찾아오는 바라문이나 가장·시민·마을 사람 때문에 마음이 전도되어 애욕을 일으키고 탐욕이 생기며, 사치스러움에 빠진다.

아난다여! 이때 그는 번뇌가 생긴 스승이라 할 수 있다. 번뇌의 더러움이 생기고 재생(再生)을 초래하는 모든 괴로움의 과보가 생겨, 미래에 태어남·늙음·죽음을 초래하는 악함·착하지 않음이, 스승의 번뇌를 통해 그를 파멸하게 한다.

아난다여! 이와 같이 스승으로서의 번뇌가 존재한다.

아난다여! 제자로서의 번뇌는 어떻게 존재하겠는가?

제자도 스승을 멀리 떠나 생활을 닦고 익히며, 인적이 드문 처소인 숲·나무 아래·산·산골짜기·동굴·묘지·수풀·공지·짚더미를 자주 사용한다. 그의 곁에는 바라문이나 가장·시민·마을 사람이 줄을 지어 찾아온다. 그러면 그는 줄을 지어 찾아오는 바라문이나 가장·시민·마을 사람 때문에 마음이 전도되어 애욕을 일으키고 탐욕이 생기며, 사치스러움에 빠진다.

아함경

아난다여! 이때 그는 번뇌가 생긴 제자라 할 수 있다.

번뇌의 더러움이 생기고 재생을 초래하는 모든 괴로움의 과보가 생겨, 미래에 태어남·늙음·죽음을 초래하는 악함·착하지 않음이 제자의 번뇌를 통해 그를 파멸하게 한다.

아난다여! 이와 같이 하여 제자로서의 번뇌가 존재한다.

또 아난다여! 청정한 수행자로서의 번뇌는 어떻게 존재하겠는가?

스승이나 여래는 존경받을 만한 이〔阿羅漢〕·바른 깨달음을 얻은 이〔正等覺者〕·학식과 실천력을 갖춘 이〔明行足〕·훌륭하게 완성한 이〔善逝〕·세간의 모습을 잘 알고 있는 이〔世間解〕·최상의 인간〔無上士〕·사람을 잘 길들이는 이〔調御丈夫〕·신들과 인간들의 스승〔天人師〕·진리를 깨달은 이〔佛〕·복덕을 갖춘 이〔世尊〕로서 이 세상에 출현하셨다.

또한 여래는 인적이 드문 처소인 숲·나무 아래·산·산골짜기·동굴·묘지·수풀·공지·짚더미를 자주 사용한다. 여래의 곁에도 바라문이나 가장·시민·마을 사람이 줄을 지어 찾아온다. 하지만 여래는 결코 마음이 전도되지 않아 애욕도 일으키지 않으며, 탐욕도 일으키지 않고 사치스러움에 빠지지도 않는다.

아난다여! 여래를 스승으로 하는 불제자는 스승을 멀리하여 닦고 익히며, 인적이 드문 처소인 숲·나무 아래·산·산골짜기·동굴·묘지·수풀·공지·짚더미를 자주 사용

공(空)의 여러 모습

한다. 그의 곁에는 역시 바라문이나 가장·시민·마을 사람이 줄을 지어 찾아온다. 그러면 그는 줄을 지어 찾아오는 바라문이나 가장·시민·마을 사람 때문에 마음이 전도되어 애욕을 일으키고 탐욕이 생기며, 사치스러움에 빠진다.

아난다여! 이때 그는 번뇌가 생긴 청정한 수행자라 할 수 있다.

번뇌의 더러움이 생기고 재생을 초래하는 모든 괴로움의 과보가 생겨, 미래에 태어남·늙음·죽음을 초래하는 악함 착하지 않음이 청정한 수행자의 번뇌를 통해 그를 파멸하게 한다.

아난다여! 이와 같이 하여 청정한 수행자로서의 번뇌가 존재한다.

아난다여! 이 청정한 수행자로서의 번뇌는 먼저 설한 스승으로서의 번뇌나 제자로서의 번뇌보다도 훨씬 괴로운 과보가 생기고, 고통스러운 과보가 생겨 악취에 떨어지게 된다.

적대적인 행동·우호적인 행동

아난다여! 따라서 그대들은 스승에 대해 우호적인 행동을 해야한다. 결코 적대적인 행동을 해서는 아니 된다. 그러면 오랜 동안 너희들에게 틀림없이 이익과 안락함이 주어질 것이다.
 그렇다면 제자가 스승에 대해 적대적인 행동을 한다는 것은 어떤 것이겠는가?
 여기에 어떤 스승이 있어 불제자들에게 법을 설할 때, 그들을 자애로이 여겨 그들에게 이익을 주려고 설한다. 즉 '이것은 너희들의 이익을 위함이고, 이것은 너희들의 안락을 위함'이라고 생각하면서 설한다.
 그러나 불제자들은 그것에 상관하지 않고 그것을 잘 들으려 하지 않고, 귀 기울이지 않으며 마음은 다른 방향으로 향하여, 차츰 스승의 교설과 다른 방향으로 행하게 된다.
 아난다여! 이와 같은 행동이 스승에 대해 적대적인 행동을 하는 것이라 하겠다.
 그렇다면 불제자가 스승에 대해 우호적인 행동을 한다는 것은 어떤 것이겠는가?
 여기에 어떤 스승이 있어 불제자들에게 법을 설할 때, 그들을 자애로이 여겨 그들에게 이익을 주려고 설한다. 즉 '이것은 너희들의 이익을 위함이고, 이것은 너희들의 안락을 위함'이라고 생각하면서 설한다.
 그러면 불제자들은 그것을 잘 듣고, 귀 기울이며 마음을 다른 방향으로 향하지 않고, 스승의 교설에 위배되지 않는 행동을 한다.
 아난다여! 이와 같은 행동이 스승에 대해 우호적인 행동을 하는 것이라 하겠다.

공(空)의 여러 모습

그러므로 그대들은 스승에 대해 우호적인 행동을 해야한다. 결코 적대적인 행동을 해서는 아니 된다. 그러면 오랜 동안 너희들에게 틀림없이 이익과 안락함이 주어질 것이다.
　아난다여! 나는 도공(陶工)이 약한 토기를 조금도 흠이 가지 않도록 다루는 그런 방법은 취하지 않는다.
　아난다여! 나는 반복하고 또 반복하여, 결점을 찾아내어 그 단점을 제거하고 법을 설한다. 구도의 진수는 바로 거기에서 확립되느니라."
　이상과 같이 세존께서 설하셨다. 존자 아난다는 기쁨이 충만하여 세존의 가르침을 환희하면서 받들었다.

6. 염마의 신문
(天使經)

6. 염마의 신문
(天使經)

인간이 가는 다섯 가지 세계

이와 같이 나는 들었다.
어느 때 세존께서 쉬라바스티의 기원정사에 머무셨다.
세존께서는 이와 같이 말씀하셨다.
"비구들이여! 마치 눈 있는 사람이 두 채의 집 중간에서 사람들이 들고 나며 주변을 서성거리는 것을 보듯이 나는 청정하고 초인적인 천안(天眼)으로 모든 생명체들이 죽고, 태어나는 것을 보며, 비천한 이·존귀한 이·아름다운 이·추한 이·행복한 이·불행한 이로서 생명체들이 각자의 업에 따르고 있는 것을 본다.
실로 현세에 태어난 이들이 몸에 대한 선행을 짓고, 말과 마음에 대한 선행을 짓고 성인을 비방하지 않으며, 바른 견해를 지니고 바른 견해에 의한 행동을 한다면, 그들은 육체가 무너져 죽은 다음에 좋은 곳, 즉 천계에 태어난다.

또, 실로 현세에 태어난 이들이 몸에 대한 선행을 짓고, 말과 마음에 대한 선행을 짓고, 성인을 비방하지 않으며, 바른 견해를 지니고 바른 견해에 의한 행동을 한다면, 그들은 육체가 무너져 죽은 다음에 인간계에 태어난다.

그러나 실로 현세에 태어난 이들이 몸에 대한 악행을 짓고, 말과 마음에 대한 악행을 짓고 성인을 비방하며, 삿된 견해를 지니고 삿된 견해에 의한 행동을 한다면, 그들은 육체가 무너져 죽은 다음에 아수라세계에 태어난다.

또, 실로 현세에 태어난 이들은 몸에 대한 악행을 짓고, 말과 마음에 대한 악행을 짓고 성인을 비방하며, 삿된 견해를 지니고 삿된 견해에 의한 행동을 한다면, 그들은 육체가 무너져 죽은 다음에 축생의 무리로 태어난다.

또, 실로 현세에 태어난 이들은 몸에 대한 악행을 짓고, 말과 마음에 대한 악행을 짓고 성인을 비방하며, 삿된 견해를 지니고 삿된 견해에 의한 행동을 한다면, 그들은 육체가 무너져 죽은 다음 지옥에 태어난다.

염마의 신문

비구들이여! 지옥에 태어난 자를 지옥의 나졸들은 각각 포박하여 염마왕(閻魔王)[16]에게 데리고 간다.

"대왕이시여! 이 사람은 어머니를 봉양하지 않았고 아버지를 봉양하지 않았으며, 사문을 공경하지 않았고 바라문을 공경하지 않았으며, 가정에서 연장자를 존경하지 않았습니다.
대왕께서는 이놈에게 벌을 가하소서."

〈제1의 저승사자〉

그러면 염마왕은 그에게 제1의 저승사자에 대해 신문·심판·훈계한다.
"에이 이놈, 너는 제1의 저승사자가 인간계에 태어난 것을 본 적이 있느냐."
그는 이렇게 대답한다.
"보지 못했습니다. 대왕마마!"
비구들이여! 그에게 염마왕은 이렇게 말한다.
"이놈, 너는 인간계에서 갓난아이가 드러누운 채 제 똥·오줌을 방뇨하고 있는 것을 본 적이 있느냐."
"보았습니다, 대왕마마!"
염마왕은 그에게 다시 이렇게 말했다.
"네 이놈, 나이가 들어 사리분별을 할 때 '나도 또한 윤회 세계를 초월할 수 없다. 그러니 나도 몸과 입과 뜻에 대한 선을 짓자'고 이러한 생각을 하지 않았던가."
그는 이렇게 대답한다.

염마의 신문

"저는 무의미하게 보냈습니다. 대왕마마! 저는 방일하게 보냈습니다, 대왕마마!"

비구들이여! 염마왕은 그에게 다시 이렇게 말한다.

"네 이놈, 방일한 채 몸과 입과 뜻에 대한 선을 짓지 않았다면, 반드시 너는 그 방일한 것에 따라 벌할 것이니라.

너의 이러한 악업은 어머니가 지은 것도 아니고 아버지가 지은 것도 아니며, 형제가 지은 것도 아니고 자매가 지은 것도 아니며, 친구가 지은 것도 아니고 친척이 지은 것도 아니며, 사문 · 바라문이 지은 것도 아니고 신들이 지은 것도 아니다. 이 악업은 바로 너 자신이 지은 것이다. 너 자신이 이 악업의 과보를 받아야 한다."

〈제2의 저승사자〉

비구들이여! 염마왕은 그에게 제1의 저승사자에 대해 신문 · 심판 · 훈계를 하고 나서, 제2의 저승사자에 대해 신문 · 심판 · 훈계한다.

"네 이놈, 너는 제2의 저승사자가 인간계에 태어난 것을 본 적이 있느냐?"

그는 이렇게 대답한다.

"보지 못했습니다, 대왕마마."

비구들이여! 그에게 염마왕은 이렇게 말한다.

"네 이놈, 너는 인간계에 남녀가 태어나 여든 · 아흔 · 백

살이 되어 늙고, 등이 서까래처럼 굽어 지팡이에 몸을 의존하여 걸으며, 병들고 기운은 쇠약하며, 치아는 빠지고 머리는 새하얗게 되어 빠지며, 대머리가 되고 주름살 투성이며, 몸 속에는 빈대가 있는 것을 보지 않았는가."

그는 이렇게 대답한다.

"보았습니다, 대왕마마!"

염마왕은 다시 이렇게 말한다.

"네 이놈, 나이가 들어 사려분별을 할 때 '나도 또한 늙음을 초월할 수 없다. 그러니 나도 몸에 대한·입에 대한·뜻에 대한 선을 짓자'고 이러한 생각을 하지 않았던가."

"저는 무의미하게 보냈습니다. 대왕마마! 저는 방일하게 보냈습니다, 대왕마마."

"네 이놈, 방일한 채 몸과 입과 뜻에 대한 선을 짓지 못했다면, 반드시 너는 그 방일한 것에 따라 벌할 것이니라.

너의 이러한 악업은 어머니가 지은 것도 아니고 아버지가 지은 것도 아니며, 형제가 지은 것도 아니고 자매가 지은 것도 아니며, 친구가 지은 것도 아니고 친척이 지은 것도 아니며, 사문·바라문이 지은 것도 아니다. 이 악업은 바로 너 자신이 지은 것이다. 너 자신이 이 악업의 과보를 받아야 한다."

〈 제3의 저승사자 〉

비구들이여! 그에게 염마왕은 제2의 저승사자에 대해 신문을 하고서, 제3의 저승사자에 대해 신문·심판·훈계한다.
"네 이놈, 너는 제3의 저승사자가 인간계에 태어난 것을 본 적이 있느냐?"
"보지 못했습니다, 대왕마마!"
염마왕은 다시 이렇게 말한다.
"네 이놈, 너는 인간계의 남녀가 병들고 괴로워하며, 심히 근심하고 자신의 똥·오줌을 방뇨하면서 누워 있고, 사람의 도움을 받으면서 일어나거나 눕는 것을 보지 않았는가."
"보았습니다, 대왕마마!"
"네 이놈, 너는 나이가 들어 사려분별을 할 때 '나도 또한 병을 초월할 수 없다. 그러니 나도 몸과 입과 뜻에 대한 선을 짓자'고 이러한 생각을 하지 않았던가."
"저는 무의미하게 보냈습니다, 대왕마마! 저는 방일하게 보냈습니다, 대왕마마!"
"네 이놈 방일한 채 몸과 입과 뜻에 대한 선을 짓지 못했다면 반드시 너는 그 방일한 것에 따라 벌할 것이니라. 너의 이러한 악업은 어머니가 지은 것도 아니고 아버지가 지은 것도 아니며, 형제가 지은 것도 아니고 자매가 지은 것도 아니며, 친구가 지은 것도 아니고 친척이 지은 것도 아니며, 사문·바라문이 지은 것도 아니고 신들이 지은 것도 아니다. 이 악업은 바로 너 자신이 지은 것이다. 너 자신이 이 악업의 과보를 받아야 한다."

〈제4의 저승사자〉

비구들이여! 염마왕은 그에게 제3의 저승사자에 대해 신문을 하고서, 제4의 저승사자에 대해 신문한다.
"네 이놈, 너는 제4의 저승사자가 인간계에 태어난 것을 본 적이 있느냐?"
"보지 못했습니다, 대왕마마!"
"네 이놈, 너는 인간계에서 여러 왕이 도둑·범죄자를 포박하고 여러 가지 형벌, 즉 채찍이나 등나무·곤봉으로 때리고, 손과 발을 자르고 귀와 코를 자르고 죽과(粥鍋)[17]·패독(貝秃)·귀구(鬼口)·화화륜(火花輪)·등화수(燈火手)·구전(驅轉)·피의(皮衣)·영양(羚羊)·구육(鉤肉)·전형(錢形)·회즙열(灰汁裂)·산회(閂廻)·고포단(藁浦團)이 형벌을 가하며, 뜨거운 기름을 붓고 개밥을 먹이며, 산채로 꼬챙이에 끼워 칼로 목을 벤다는 형벌을 집행하는 것을 보지 않았는가."
"보았습니다, 대왕마마!"

"네 이놈, 너는 나이가 들어 사려분별을 할 때 '실로 여러 가지 악업을 지은 사람은 현세에서마저 이와 같이 여러 가지 형벌을 받는데 하물며, 내세에서는 어떻겠는가. 그러니 나도 몸과 입과 뜻에 대한 선을 짓자'고, 이러한 생각을 하지 않았던가."

"저는 무의미하게 보냈습니다, 대왕마마! 저는 방일하게 보냈습니다, 대왕마마!"

"네 이놈, 방일한 채 몸과 입과 뜻에 대한 선을 짓지 못했다면, 반드시 너는 그 방일한 것에 따라 벌할 것이니라. 너의 이러한 악업은 어머니가 지은 것도 아니고 아버지가 지은 것도 아니며, 형제가 지은 것도 아니고 자매가 지은 것도 아니며, 친구가 지은 것도 아니고 친척이 지은 것도 아니며, 사문·바라문이 지은 것도 아니고 신들이 지은 것도 아니다. 이 악업은 바로 너 자신이 지은 것이다. 너 자신이 이 악업의 과보를 받아야 한다."

〈 제5의 저승사자 〉

비구들이여! 염마왕은 그에게 제4의 저승사자에 대해 신문을 하고서, 제5의 저승사자에 대해 신문·심판·훈계한다.

"네 이놈, 너는 제5의 저승사자가 인간계에 태어난 것을 본 적이 있느냐?"

"보지 못했습니다, 대왕마마!"
"네 이놈, 니는 인간계의 남녀가 죽어 하루를 지내고 또는 이틀을 지내거나 사흘을 지내며, 부패하고 푸르스름해지며, 고름이 흐르는 시체로 된 것을 본 일이 있는가?"
"보았습니다, 대왕마마!"
"네 이놈, 너는 나이가 들어 사려분별을 할 때 '나도 또한 죽음을 본성으로 하고 죽음을 초월하지 않는다. 그러니 나도 몸에 대한 · 입에 대한 · 뜻에 대한 선을 짓자'고, 이러한 생각을 하지 않았던가."
"저는 무의미하게 보냈습니다, 대왕마마! 저는 방일하게 보냈습니다, 대왕마마!"
비구들이여! 염마왕은 그에게 이렇게 말한다.
"네 이놈, 방일한 채 몸과 입과 뜻에 대한 선을 짓지 못했다면, 반드시 너는 그 방일한 것에 따라 벌할 것이니라.
너의 이러한 악업은 어머니가 지은 것도 아니고 아버지가 지은 것도 아니며, 형제가 지은 것도 아니고 자매가 지은 것도 아니며, 친구가 지은 것도 아니고, 친척이 지은 것도 아니며, 사문 · 바라문이 지은 것도 아니고 신들이 지은 것도 아니다. 이 악업은 바로 너 자신이 지은 것이다. 너 자신이 이 악업의 과보를 받아야 한다."
비구들이여! 염마왕은 그에게 이렇게 제5의 저승사자에 대해 신문하고 심판하고 훈계하고 난 뒤 침묵한다.

지옥에서 받는 고통

비구들이여! 지옥의 나졸들은 그에게 '오처박(五處縛)'이라 이름하는 형벌을 가한다. 즉 벌겋게 달구어진 쇠막대기를 양손에 각각 찌르고 두 발과 가슴에 꽂는다.

그는 그때 매우 심한 고통을 받는다. 그러나 그의 악업이 다하지 않는 한, 죽지 않는다.

그런 그를 지옥의 나졸들은 다시 눕혀 놓고서 도끼로 자른다. 그는 그때 매우 심한 고통을 받는다. 그러나 그의 악업이 다하지 않는 한, 그는 죽지 않는다.

비구들이여! 지옥의 나졸들은 그를 수레에 매달아, 불길이 치성하게 타오르고 있는 땅 위를 오가게 한다. 그는 그때 매우 심한 고통을 받는다. 그러나 그의 악업이 다하지 않는 한, 그는 죽지 않는다.

비구들이여! 지옥의 나졸들은 다시 그를 매달아 불길이 치성하게 타올라 뜨거운 구리 가마솥에 집어넣는다. 그는 그곳에서 익어버린다. 그를 그곳에서 익혀 아래위로 다니고 좌우로 다니게 한다. 그는 그때 매우 심한 고통을 받는다. 그러나 그는 그의 악업이 다하지 않는 한, 그는 죽지 않는다.

〈대지옥〉

비구들이여, 지옥의 나졸들은 그를 대지옥에 던져 넣는다.
비구들이여! 실로 대지옥이란,

사각으로 만들어 네 개의 문이 있고
같은 크기로 나누어져
철벽으로 둘러싸이고
철의 지붕으로 가려졌으며
철로 이루어진 그 땅은
불꽃이 치성하게 타오르며
1백 요자나 펼쳐졌으니
영원히 계속하리.

비구들이여! 다시 또 대지옥 동쪽 벽에서 불길이 타오르는데 서쪽 벽은 막혀 있다. 서쪽 벽에서 불길이 타오르는데 동쪽 벽은 막혀 있다. 동쪽 벽에서 불길이 타오르는데 북쪽 벽은 막혀 있다. 북쪽 벽에서 불길이 타오르는데 남쪽 벽은 막혀 있다. 아래서 불길이 타오르는데 위쪽이 막혀 있다. 위에서 불길이 타오르는데 아래쪽이 막혀 있다. 그는 그때 매우 심한 고통을 받는다. 그러나 그의 악업이 다하지 않는

한, 그는 죽지 않는다.

  비구들이여! 오랜 시간이 지난 다음에 언젠가 이 대지옥의 동문(東門)이 열릴 때가 있다. 그는 그곳을 향해 전속력으로 달린다. 그가 전속력으로 달리면, 겉 피부도 타고 속피부도 타며, 살도 타고 근육도 타며, 뼈도 타버린다. 바로 이와 같은 상태에 빠지게 된다.

  비구들이여! 그로 하여금 같은 시간을 거듭하게 한 다음 그 문은 닫힌다. 그는 그곳에서 매우 심한 고통을 받지만 그의 악업이 다하지 않는 한, 그는 죽지 않는다.

  비구들이여! 오랜 시간이 지난 다음에 언젠가 이 대지옥의 서문(西門)과 북문(北門)과 남문(南門)이 각각 차례대로 열릴 때가 있다. 그는 그곳에서 전속력으로 달린다. 그가 전속력으로 달리면, 겉피부도 타고 속피부도 타며, 살도 타고 근육도 타며, 뼈도 타버린다. 바로 이와 같은 상태에 빠지게 된다.

  그리고 비구들이여! 그가 많은 시간을 거듭 한 다음 그 문은 닫힌다. 그는 그곳에서 매우 심한 고통을 받는다. 그러나 그의 악업이 다하지 않는 한, 그는 죽지 않는다.

  비구들이여! 오랜 시간이 지난 다음에 언젠가 이 대지옥의 동문(東門)이 열릴 때가 있다. 그는 그곳을 향해 전속으력으로 달린다. 그가 전속력으로 달리면, 겉피부도 타고 속피부도 타며, 살도 타고 근육도 타며, 살도 타고 근육도 타며, 뼈도 타버린다. 바로 이와 같은 상태에 빠지게 된다.

아함경

그는 마침내 이 문에서 탈출한다.

〈분뇨지옥〉

그런데 이 대지옥에 이어 광대한 분뇨지옥이 있다. 그는 그곳에 떨어진다.
비구들이여! 실은 이 분뇨지옥에는 예리한 촉이 있는 벌레가 있는데, 겉피부를 파괴하고, 속피부를 파괴하며, 다 파괴하고 나서는 살을 파괴하고, 살을 파괴하고 나서는 근육을 파괴하며, 근육을 파괴하고 나서는 뼈를 파괴하고, 뼈를 파괴하고는 골수를 파먹는다.
그는 그곳에서 매우 심한 고통을 받는다. 그러나 그의 악업이 다하지 않는 한, 그는 죽지 않는다.

〈열화지옥(熱火地獄)〉

또 이 분뇨지옥에 이어 광대한 열화지옥이 있다. 그는 그곳에 떨어진다. 그는 그곳에서 매우 심한 고통을 받는다. 그러나 그의 악업이 다하지 않는 한, 그는 죽지 않는다.

〈가시숲〉

또 이 열화지옥에 이어 광대한 가시숲이 있다. 그는 그곳에 떨어진다. 모든 나무는 1요자 높이로 솟아있고, 16앙구라[18] 길이의 가시가 있으며, 불이 타오르고 뜨거운 불꽃이 치성하고 있다. 그는 그곳에서 오르락 내리락해야 한다. 그는 그곳에서 매우 심한 고통을 받는다. 그러나 그의 악업이 다하지 않는 한, 그는 죽지 않는다.

〈칼숲〉

또 이 가시숲을 줄곧 이어 광대한 칼숲이 있다. 그는 그곳에 떨어진다. 바람에 날리어 떨어진 나뭇잎이 그의 손과 발을 자르고 귀와 코를 자른다. 그는 그곳에서 매우 심한 고통을 받는다. 그러나 그의 악업이 다하지 않는 한, 그는 죽지 않는다.

〈뻘강〉

또 이 칼숲을 줄곧 이어 광대한 뻘강이 있다. 그는 그곳에 떨어진다.

그는 그곳에서 에울살에 따라 흐르고 에울살에 거역하여 흐르며, 에울살에 따르고 거역하면서 흐른다. 그는 그곳에서 매우 심한 고통을 받는다. 그러나 그의 악업이 다하지 않는 한 그는 죽지 않는다.

비구들이여! 그런 그를 지옥의 나졸들은 갈고리로 끌어올려 뭍에 세워두고 이렇게 말한다.

"네 이놈, 무엇이 하고 싶으냐."

그는 이렇게 말한다. "저는 배가 고픕니다, 역사님."

그러자 지옥의 나졸들은 그에게 치성하게 타오르고 있는 뜨거운 쇠부집게로 입을 열고나서 치성하게 타오르고 있는 불꽃에 달군 동환(銅丸)을 입 속에 쳐넣는다. 그것은 그의 혀를 태우고 입을 태우며, 기도를 태우고 가슴을 태우며, 소장(小腸)·대장(大腸)과 함께 쏟아져 내린다. 그는 그곳에서 매우 심한 고통을 받는다. 그러나 그의 악업이 다하지 않는 한, 그는 죽지 않는다.

비구들이여! 그에게 지옥의 나졸들은 이렇게 말한다.

"네 이놈, 무엇이 하고 싶으냐."

"저는 목이 마릅니다, 역사님."

그에게 지옥의 나졸들은 치성하게 타오르고 있는 뜨거운 쇠부집게로 입을 열고나서 치성하게 타오르고 있는 불꽃에 녹인 동(銅)을 입 속에 쳐넣는다. 그것은 그의 혀를 태우고 입을 태우며, 기도를 태우고 가슴을 태우며, 소장(小腸)·대장(大腸)과 함께 쏟아져 내린다. 그는 그곳에서 매우 심한 고통을 받는다. 그러나 그의 악업이 다하지 않는 한, 그는 죽지 않는다.

비구들이여! 그런 그를 지옥의 나졸들은 또 다시 대지옥에 던져 넣는다.

염마의 술회와 세존의 시(詩)

비구들이여! 옛날에 염마왕은 이러한 생각을 하였다.
"실로 이 세상에서 많은 악업을 지은 사람들은 이와 같은 여러 가지 악업을 받아야만 한다. 아, 원컨대 나는 인간의 지위를 얻고 싶다. 그리고 세존·존경받을 만한 이·완전한 정각자·여래가 이 세상에 현현하기를 원한다. 그리고 나는 세존을 모시고 싶다. 그리고 세존은 나에게 진리의 가르침을 설하시기를 원한다. 그리고 나는 세존으로부터 가르침을 받아서 깨닫고 싶다."
비구들이여! 진실로 나는 이것을 다른 사문이나 바라문에게 들은 것은 아니다. 단지 내가 스스로 알고 스스로 보았으며, 스스로 요해한 것만을 나는 이야기한다.
이와 같이 세존께서는 말씀하셨다.
이와 같이 설하신 뒤에 대사(大師)·행복한 이(善逝)는 거듭 이와 같이 노래했다.

저승사자 재촉하니
방일하게 보낸 사람은
하열한 몸 받아
영원히 근심하리.

세상에서 바르게 보낸 사람은
저승사자 재촉하니
항상 법을 근거하여
한시도 방일하지 않네.

생사의 미망 초월하고
집착 속의 두려움 보니
집착하는 마음 사라지고
생사를 멸하여 해탈하네.

그는 안온쾌락하고
현세에서 적정하니
원망과 두려움 모두 여의고
모든 괴로움 초월하네.

7. 밤사이에 어진 사람이 되다
(一夜賢者經)

7. 밤사이에 어진 사람이 되다
(一夜賢者經)

밤사이에 어진 사람이 되다

이와 같이 나는 들었다.
어느 때 세존께서는 쉬라바스티의 기원정사에 머무셨다.
세존께서는 이와 같이 말씀하셨다.
"비구들이여! 밤사이 어진 사람 되는 법을 나는 그대들에게 설하리라. 그것을 듣고 명심하여라."
"존경하는 스승이시여! 그리하겠나이다"라고 진지하게 비구들은 대답하였다.
세존께서 이와 같이 말씀하셨다.

흘러간 과거를 뒤쫓지 말라.
오지도 않은 미래를 갈구하지도 말라.
과거는 이미 흘러가버린 것.

미래는 아직 오지 않은 것.
그러므로 현재의 일을
있는 그대로 흔들리지 말고 보아야 한다.

또 흔들림 없이 동요됨이 없이
정확히 보고 실천하여야 한다.
다만 오늘 해야할 일을 열심히 하라.
누가 내일 죽는 것을 알리오.

저 죽음의 군대와 마주치지 않을 자는 없다.
이와 같이 잘 깨닫는 사람은
한마음으로 게으름 없이
오늘의 일을 실천한다.

이와 같은 사람은
'밤사이에 어진 사람이 되었다'라고 하며
마음의 평정을 얻은 성자라고 한다.

  비구들이여! '과거를 쫓는다'는 것은 무엇인가? '과거에는 이와 같은 물질적 현상[色]이 있었다'고 하면서 그것에 기쁨을 얻으려고 애쓴다. '과거에는 이와 같은 느낌[受]·생각[想]·결합[行]·식별[識]이 있었다'고 하면서 그것에 기쁨을 얻으려고 애쓴다.

비구들이여! 바로 이것이 진실로 과거를 쫓는 것이다.

비구들이여! 그럼 '과거를 쫓지 않는다'는 것은 무엇인가? '과거에 이와 같은 물질적 현상이 있었다'고 하여 그것에 기쁨을 얻으려고 애쓰지 않는 것이다. '과거에는 이와 같은 느낌, 생각, 결합, 식별이 있었다'고 하여 그것에 기쁨을 얻으려고 애쓰지 않는다.

비구들이여! 바로 이것이 진실로 과거를 쫓지 않는 것이다.

비구들이여! '미래를 갈구한다'는 것은 무엇인가? '미래에는 이와 같은 물질적 현상이 있을 것이다'면서 그것에 기쁨을 얻으려고 애쓴다. '미래에는 이와 같은 느낌, 생각, 결합, 식별이 있을 것이다'면서 그것에 기쁨을 얻으려고 애쓴다.

비구들이여! 이와 같음이 진실로 미래를 갈구하는 것이다.

비구들이여! 그럼 '미래를 갈구하지 않는다'는 것은 무엇인가. '미래는 이와 같은 물질적 현상이 있을 것이다'면서 그것에 기쁨을 얻으려고 애쓰지 않는다. '미래는 이와 같은 느낌, 생각, 결합, 식별이 있을 것이다'면서 그것에 기쁨을 얻으려고 애쓰지 않는다. 비구들이여! 이와 같음이 진실로 미래를 갈구하지 않는 것이다.

비구들이여! '현재의 일에서 흔들린다'는 것은 무엇인가.

비구들이여! 이 세상에서 법을 듣지 못한 범부는 성자들을 모르고 성스러운 법을 숙지하지 않으며, 선인의 법으로

밤사이에 어진 사람이 되다

나아가지 않는다. 선인(善人)들을 모르고 선인의 법을 숙지하지 않으며, 선인의 법으로 나아가지 않는다. 물질적 현상을 자신이라고 본다거나 자신을 물질적 현상이라 본다. 혹은 자신에서 물질적 현상을 보거나 물질적 현상에서 자신을 본다. 느낌과 생각과 결합과 식별을 자신이라고 보거나 자신을 식별이라 본다. 혹은 자신에서 식별을 보거나 식별에서 자신을 본다.

비구들이여! 이와 같음이 진실로 현재의 일에 흔들리는 것이다.

비구들이여! '현재의 일에서 흔들리지 않는다'는 것은 무엇인가. 비구들이여! 이 세상에서 법을 들은 성스러운 제자가 성자들을 알고 성스러운 법을 익히 알며, 성스러운 법으로 나아간다. 선인(善人)들을 알고 선인의 법을 익히 알며, 선인의 법으로 나아간다. 물질적 현상을 자신이라 보지 않고 자신을 물질적 현상이라 보지 않는다. 혹은 자신에서 물질적 현상을 보지 않고 물질적 현상에서 자신을 보지 않는다. 느낌과 생각과 결합과 식별을 자신이라 보지 않고 자신을 식별이라 보지 않는다. 혹은 자신에서 식별을 보지 않고 식별에서 자신을 보지 않는다.

비구들이여! 이와 같음이 진실로 현재의 일에서 흔들리지 않는 것이다.

흘러간 과거를 뒤쫓지 말라.

아함경

오지도 않은 미래를 갈구하지도 말라.
과거는 이미 흘러가버린 것.
미래는 아직 오지 않은 것.
그러므로 현재의 일을
있는 그대로 흔들리지 말고 보아야 한다.

또 흔들림 없이 동요됨이 없이
정확히 보고 실천하여야 한다.
다만 오늘 해야할 일을 열심히 하라.
누가 내일 죽는 것을 알리오..

저 죽음의 군대와 마주치지 않을 자는 없다.
이와 같이 잘 깨닫는 사람은
한마음으로 게으름 없이
오늘의 일을 실천한다.

이와 같은 사람은
'밤사이에 어진 사람이 되었다'고 하며
마음의 평정을 얻은 성자라고 한다.

 비구들이여! 밤사이에 어진 사람되는 법을 그대들에게 설하노니 그것은 이와 같은 이유에서였다."
 이와 같이 세존께서 말씀하셨다.

<u>밤사이에 어진 사람이 되다</u>

기뻐하는 비구들은 세존께서 설하신 가르침을 크게 찬양하고 받들어 행하였다.

8. 네 가지 성스러운 진리
(四諦分別經)

8. 네 가지 성스러운 진리
(四諦分別經)

네 가지 성스러운 진리

이와 같이 나는 들었다.

어느 때 부처님께서는 바라나시의 선인이 사는 사슴동산에 계시면서 여러 비구들에게 말씀하셨다.

"비구들이여, 여래·존경받을 만한 이〔阿羅漢〕·바르게 깨달은 이〔正等覺者〕는 일찍이 바라나시 외곽, 선인이 모이는 곳에 있는 사슴동산에서 위없는 법륜을 굴렸나니, 이것은 사문·바라문·신·악마·범천·혹은 세간의 어떤 사람도 부정할 수 없는 것이다. 즉 그것은 네 가지 성스러운 진리〔四聖諦〕를 잘 분별하여 설함이다.

네 가지의 진리란 무엇인가? 괴로움이 소멸하는 길의 성스러운 진리〔苦集滅道聖諦〕가 그것이다.

비구들이여! 여래·존경받을 만한 이·바르게 깨달은 이

는 일찍이 바라나시의 선인이 사는 사슴동산에서 위없는 법륜을 굴리셨는데, 이것은 사문 · 바라문 · 신 · 악마 · 범천 · 혹은 세간의 어떤 사람도 부정할 수 없는 것이다. 즉 그것은 이러한 네 가지 성스러운 진리를 잘 분별하여 설함이다.

비구들이여! 사리불과 목건련을 잘 섬기고 따라 배워야 한다.

사리불과 목건련을 친절히 대하여라. 그들은 현명한 비구이고, 청정한 생활을 하는 이들의 교호자(敎護者)이다.

비구들이여! 사리불은 마치 생모(生母)와 같고 목건련은 마치 태어난 아이를 양육하는 것과 같으니라.

비구들이여! 사리불은 성자의 흐름에 드는 경지〔預流果〕를 향해 인도하고, 목건련은 최고의 목적을 향해 인도한다. 사리불은 네 가지 성스러운 진리를 상세하게 분별하여 설할 수 있다."

세존께서는 이와 같이 설하셨다. 그리고 행복한 이〔善逝〕께서는 자리에서 일어나 정사로 돌아가셨다.

사리불의 설법

그리고 사리불 존자는 세존께서 가신지 얼마되지 않아 비구들에게 "우애로운 비구들이여"라고 불렀다. "벗이여"라고 비구들이 대답하자 존자는 다음과 같이 말하였다.

"벗들이여! 여래·존경받을 만한 이는 선인이 모이는 곳에 있는 사슴동산에서 위없는 법륜을 굴리셨는데, 이것은 사문·바라문·신·악마·범천·혹은 세간의 어떤 사람도 부정할 수 없는 것이다. 즉 그것은 네 가지 성스러운 진리를 잘 분별하여 설하는 것이다.

네 가지의 진리란 무엇인가. 괴로움[苦]이 모이고[集] 없어져[滅] 도[道]는 성스러운 진리를 잘 분별하여 설하는 것이다.

괴로움이라는 성스러운 진리

벗들이여! 그렇다면 괴로움이라는 성스러운 진리란 무엇이겠는가.

태어남은 괴로움이고 늙음도 괴로움이며, 죽음도 괴로움이고 근심·슬픔·아픔·번뇌·번민도 괴로움이다. 구하여도 얻지 못하니 그것도 괴로움이다. 요컨대 다섯 가지로 이루어져 집착된 물질과 마음의 덩어리[五取蘊]는 괴로움이다.

벗들이여! 태어남이란 무엇인가.

생명체가 여러 부류로 태어나는 것, 출생·출현·생기(生起)·발생·생체를 구성하는 여러 요소의 현현(顯現)·여러 감각기관의 획득, 이것이 태어남이라 할 수 있다.

네 가지 성스러운 진리

벗들이여! 늙음이란 무엇이겠는가.

생명체의 여러 생명들 가운데서 늙어가는 것이니 노쇠·치아 훼손·백발·주름살·활력 감퇴·여러 감각기관의 노화, 이것이 늙음이라 하는 것이다.

벗들이여! 죽음이란 무엇인가.

생명체의 여러 생명들 가운데서 죽어 없어지는 것들, 사거(死去)·파멸·멸몰·사별·사망·임종·생체를 구성하는 여러 요소의 파괴·시체의 버려짐이니 이것이 죽음이라 하는 것이다.

벗들이여! 근심이란 무엇인가.

무엇인가 불행을 느끼고 있는 이, 무엇인가 괴로움을 느끼고 있는 이에게 있는 근심·우수·근심스러운 마음 상태·내적인 근심·내적으로 깊은 근심이니 이것이 근심이라 하는 것이다.

벗들이여! 슬픔이란 무엇인가.

무엇인가 불행을 느끼고 있는 이, 무엇인가 괴로움을 느끼고 있는 이에게 있는 한탄·슬픔·비판·흐느낌·한스러운 마음 상태·슬픈 마음 상태이니 이것이 슬픔이라 하는 것이다.

벗들이여! 아픔이란 무엇인가.

몸의 통증·몸의 불쾌함·몸의 접촉에서 생기는 통증·불쾌한 감각이니 이것이 아픔이라 하는 것이다.

벗들이여! 번뇌란 무엇인가.

아함경

정신적인 불쾌함·마음의 접촉에서 생기는 괴로움·불쾌한 감각이니 이것이 번민이라 하는 것이다.

벗이여 구해도 얻지 못하는 괴로움이란 무엇이겠는가.

태어나는 본성을 지닌 생명체는 이와 같은 바람이 일어난다.

'아, 실로 우리들이 태어나는 본성을 지닌 자가 아니라면, 또 실로 우리들에게 태어남이 일어나지 않는다면'이라고.

그러나 이것은 희구한다 해도 이루어질 수 없다. 이것이 구하여도 얻지 못하는 괴로움이라 하는 것이다.

벗들이여! 늙음이라는 본성을 지닌 생명체에게 이와 같은 희구가 일어난다.

'아, 실로 우리들이 늙음이라는 본성을 지닌 자가 아니라면, 또 실로 우리들에게 늙음이 일어나지 않는다면'이라고.

그러나 이것은 희구한다 해도 이루어질 수 없다. 이것이 구하여도 얻지 못하는 괴로움이라 하는 것이다.

벗들이여! 병(病)이라는 본성을 지닌 생명체는 이와 같은 바람이 일어난다.

'아, 실로 우리들이 병이라는 본성을 지닌 자가 아니라면, 또 실로 우리들에게 병이 생기지 않는다면'이라고.

그러나 이것은 희구한다 해도 이루어질 수 없다. 이것이 구하여도 얻지 못하는 괴로움이라 하는 것이다.

벗들이여! 죽음이라는 본성을 지닌 생명체에게 이와 같은 바람이 일어난다.

'아, 실로 우리들이 죽음이라는 본성을 지닌 자가 아니라면, 또 실로 우리들에게 죽음이 없다면'이라고.

그러나 이것은 희구한다 해도 이루어질 수 없다. 이것이 구하여도 얻지 못하는 괴로움이라 하는 것이다.

벗이여! 근심·슬픔·고통·번뇌·번민이라는 본성을 지닌 생명체에게 이와 같은 바람이 일어난다.

'아, 실로 우리들이 근심·슬픔·고통·번뇌·번민이라는 본성을 지닌 자가 아니라면, 또 실로 우리들에게 근심·슬픔·고통·번뇌·번민이 없다면'이라고.

그러나 이것은 희구한다 해도 이루어질 수 없다. 이것이 구하여도 얻지 못하는 괴로움이라 하는 것이다.

벗들이여! 그럼 요컨대, 다섯 가지로 이루어져 집착된 물질과 마음의 덩어리인 괴로움이란 무엇인가.

즉 집착된 물질의 덩어리〔色取蘊〕·집착된 느낌의 덩어리〔受取蘊〕·집착된 생각의 덩어리〔想取蘊〕·집착된 결합의 덩어리〔行取蘊〕·집착된 식별의 덩어리〔識取蘊〕, 이러한 것이 다섯 가지로 이루어져 집착된 물질과 마음의 덩어리를 괴로움이라 할 수 있다.

이상이 괴로움이라는 성스러운 진리라 하는 것이다.

괴로움의 원인이라는 성스러운 진리

아함경

벗들이여! 괴로움의 원인이라는 성스러운 진리란 무엇인가.

그것은 다시 미망(迷妄)의 생존으로 나아가고 기쁨과 탐욕을 쫓으며, 도처에서 환락을 구하는 갈애이다. 즉 욕망에로 나아가는 갈애·생존에 대한 갈애·생존의 단멸에 대한 갈애이다. 이것이 괴로움의 원인이라는 성스러운 진리인 것이다.

괴로움의 멸진이라는 성스러운 진리

벗들이여! 괴로움의 멸진이라는 성스러운 진리란 무엇인가. 그것은 이 갈애를 남김없이 떠나 모두 멸하며, 버리고 포기하며, 해탈하고 집착하지 않는 것이다. 이것이 괴로움의 멸진이라는 성스러운 진리인 것이다.

괴로움의 멸진에 도달하는 길이라는 성스러운 진리

벗들이여! 괴로움의 멸진에 도달하는 길이라는 성스러운 진리란 무엇이겠는가.

그것은 여덟 가지의 성스러운 길〔八聖道〕이다. 즉 바른 견해·바른 사유·바른 말·바른 행동·바른 생활·바른 노력・바른 사념・바른 정신통일이다.

벗이여! 바른 견해란 무엇이겠는가. 괴로움에 대한 지혜, 괴로움의 원인에 대한 지혜, 괴로움의 멸진에 대한 지혜, 괴로움의 멸진에 도달하는 길에 대한 지혜를 바른 견해라 한다.

바른 사유란 무엇이겠는가. 탈속(脫俗)하려는 사유, 증오하지 않는 사유, 해치지 않는 사유를 바른 사유라 한다.

바른 말이란 무엇이겠는가. 거짓말을 떠남, 중상모략하는 말을 떠남, 해치는 말을 떠남, 거칠은 말을 떠남, 무의미한 말을 떠남을 바른 말이라 한다.

바른 행동이란 무엇이겠는가. 살생을 떠남, 도둑질을 떠남, 애욕에 사로잡힌 음란한 행동을 떠남을 바른 행동이라 한다.

바른 생활이란 무엇이겠는가. 성자의 제자가 삿된 생활법을 버리고 바른 생활법에 의해 생활을 영위한다. 이것이 바른 생활이라 한다.

바른 노력이란 무엇이겠는가. 여기에서 비구는 아직 일어나지 않은 악하고 착하지 않는 법이 발생하지 않도록 의욕을 발하며, 노력하고 부지런히 정진하며, 마음을 분발하고 정신을 가다듬는다. 이미 발생한 악하고 착하지 않은 법을 단절하고자 의욕을 발하며, 정신을 가다듬는다. 아직 일어나지 않은 선함이 일어나도록 의욕을 발하며, 정신을 가다듬는다. 이미 일어나 있는 선함이 지속되고 혼란되지 않으며, 중장하고 널리 커지고 닦아 익히며, 완전하게 되도록 의욕을 발하고 정신을 가다듬는다. 이것이 바른 노력이라 한다.

바른 사념이란 무엇이겠는가.

여기에서 비구는 몸에 대해 몸을 관찰하며, 열의를 갖고 바르게 의식하며, 바른 마음을 두루 미치게 하고 세간에 대한 욕심과 근심을 다스려야 한다. 여러 가지 느낌에 대해, 마음에 대해, 여러 가지 사물에 대해 사물을 관찰하며, 열의를 갖고 바르게 의식하며, 바른 마음을 두루 미치게 하고 세간에 대한 욕심과 근심을 다스려야 한다. 이것이 바른 사념이라 한다.

그럼 바른 정신통일이란 무엇이겠는가.

여기에서 비구는 욕망을 떠나고 선함에 어긋나는 일을 떠나, 혹은 거친 사고와 섬세한 사고가 남아 있고 원리에서 생기는 기쁨과 안락이 있는 선정의 제1단계〔初禪〕를 체득하며 머문다. 혹은 거칠은 사고와 섬세한 사고를 가라앉게 하여 마음이 청정하게 되고 마음을 한 곳에 집중하며, 거친 사고와 섬세한 사고를 여읜 정신통일에서 생기는 기쁨과 안락함이 있는 선정의, 제2단계〔第二禪〕를 체득하여 머문다. 기쁨을 떠나 평정하게 지내고 바른 마음을 두루 미치게 하며, 바르게 의식하고 몸에 안락함을 느끼며, 그것을 성자들이 '평정하고 바른 마음을 두루 미치게 하며, 안락함 속에서 지내는 것'이라 설하는 선정의 제3단계〔第三禪〕를 체득하여 머문다. 안락함과 괴로움을 버려 지금까지의 근심과 괴로움을 멸하므로써 괴롭지도 즐겁지도 않고 평정함과 바른 마음으로 청정해진 선정의 제4단계〔第四禪〕를 체득하여 머문다.
 이것이 바른 정신통일이라 한다.
 벗이여! 이것이 괴로움의 멸진에 도달하는 여덟 가지 성스러운 진리〔八正道·八聖道〕라 한다.
 벗이여! 여래·존경받을 만한 이·바르게 깨달은 이께서 예전에 바라나시 외곽, 선인이 모이는 곳에 있는 사슴동산에서 위없는 법륜을 굴리셨는데, 이것은 사문·바라문·신·악마·범천·혹은 세간의 어떤 사람도 부정할 수 없는 것이다. 즉 그것은 이러한 네 가지 성스러운 진리를 잘 분별하여 설하고자 함이다."
 이와 같이 사리불은 설하였다. 비구들은 감격하여 사리불 존자가 설한 바를 기뻐하였다.

9. 출가의 공덕
(沙門果經)

9. 출가의 공덕
(沙門果經)

아쟈타삿투왕과 신하의 진언

이와 같이 나는 들었다.

어느 때 세존께서는 라자그리하(왕사성)에 있는 지바카 코말라밧챠[19]의 망고숲에서 1250인의 비구승단과 함께 머물고 계셨다.

같은 때에 마가다국의 왕이며 베데히(위제히)부인의 아들인 아쟈타삿투[20](아사세)왕은 캇티카월[21]의 보름날 달밝은 밤, 포살일[22]에 즈음하여 신하들에게 둘러싸여 궁전의 높은 누각에 앉아 있었다.

그때 아쟈타삿투왕은 이렇게 감탄하며 말했다.

"아아! 이 얼마나 즐거운 일인가, 달빛이 환히 비추는 밤이여! 이 밤이 아름답지 않은가!

아아, 황홀하도다, 달밤이여! 이토록 달밝은 밤에는 마음이 부드러워지고 무언가 좋은 일이 일어날 것만 같구나. 오늘 같은 날 어떤 사문, 바라문에게 가야 내 마음이 평안해지고 드맑아질 수 있을까?"

왕이 이렇게 말하자 신하들 가운데 한 사람이 아쟈타삿투왕에게 아뢰었다.

"폐하! 푸라나 캇사파[23]라는 이가 있습니다.

이 사람은 승단의 주인이고 교단의 우두머리이며 교단의 스승으로서 널리 이름을 날려 그 덕이 높고, 종파를 연 이로서 수많은 사람들의 존경을 받고 있습니다. 한량없는 세월 동안 많은 수행을 쌓았으며, 출가한 지 오래되어 인생의 길고 긴 여정을 지나 와 지금 노령에 달한 사람입니다.

폐하! 이 푸라나 캇사파에게 나아가소서. 푸라나 캇사파에게 나아가신다면 두말할 것도 없이 폐하의 마음이 평온해지고 드맑아질 것입니다."

신하의 간곡한 권유를 들은 아쟈타삿투왕은 웬일인지 묵묵부답이었다.

그러자 이번에는 다른 신하가 아뢰었다.

"폐하! 막칼리 고살라라는 사람이 있습니다.

이 사람은 승단의 주인이고 교단의 우두머리이며 교단의 스승으로서 널리 이름을 날려 그 덕이 높고, 종파를 연 이로서 수많은 사람들의 존경을 받고 있습니다. 한량없는 세월 동안 많은 수행을 쌓았으며 출가한 지 오래되었고 인생의 길고 긴 여정을 지나와 지금 노령에 도달한 사람입니다.

폐하! 이 막칼리 고살라에게 나아가소서. 막칼리 고살라에게 나아가신다면 두말할 것도 없이 폐하의 마음이 평온해지고 드맑아질 것입니다."

이렇게 막칼리 고살라를 추천하여 아뢰어도 왕은 여전히 묵묵부답이었다.

그러자 또다른 신하가 아뢰었다.

"폐하! 아지타 케사캄발리라는 사람이 있습니다."

이렇게 말하며 앞서의 신하들과 똑같은 말로 아지타 케사캄발리를 찬양하며 추천하였지만 왕은 여전히 묵묵부답이었다.

또다른 신하가 아뢰었다.

"폐하! 파쿠다 캇챠야나라는 사람이 있습니다."

그 역시 앞서와 같은 찬양의 말로 파쿠다 캇챠야나를 추천하여 아뢰었으나 왕은 대꾸가 없었다.

나아가 또다른 신하가 아뢰었다.

"산쟈야 벨랏티풋타라는 사람이 있습니다."

이렇게 산쟈야 벨랏티풋타를 추천하여 아뢰어도 왕은 대답이 없었다.

또다른 신하가 아쟈타삿투왕에게 아뢰었다.

"니간타 나타풋타라는 사람이 있습니다.

이 사람은 승단의 주인이고 교단의 우두머리이며 교단의 스승으로서 널리 이름을 날려 그 덕이 높고, 종파를 연 이로서 수많은 사람들의 존경을 받고 있습니다. 한량없는 세월

출가의 공덕

동안 많은 수행을 쌓았으며, 출가한 지 오래되어 인생의 길고 긴 여정을 지나와 지금 노령에 도달한 사람입니다.

폐하! 이 니간타 나타풋타에게 나아가소서. 니간타 나타풋타에게 나아가신다면 두말할 것도 없이 마음이 평온해지고 드맑아질 것입니다."

그러나 여전히 아쟈타삿투왕은 묵묵부답, 침묵한 채 앉아 있었다.

지바카의 제언

그때 지바카 코말라밧차는 아쟈타삿투왕 옆에 조용히 앉아 있었다.

그러자 왕이 궁금히 여겨 지바카에게 말을 건넸다.

"지바카여! 어찌하여 그대는 침묵하고 있는가?"

"폐하! 지금 저의 망고숲에는 세상에서 존경받을 만한 아라한이시며 완전한 깨달음에 도달하신 분께서 1250인의 비구들과 함께 머물고 계십니다.

세상에서 가장 존귀한 고타마를 향해 사람들은 이렇게 경사스러운 찬양의 말을 널리 퍼뜨리고 있습니다.

'이 분은 아라한이시며, 완전하게 깨달음에 도달하신 이 〔正等覺者〕, 지혜와 행동을 두루 갖춘 사람〔明行足〕, 잘 가신 분〔善逝〕, 윤회하는 세상에 관한 모든 것을 알고 계신 사람

아함경

[世間解], 위없는 사람[無上士], 중생을 가장 잘 다루는 조련사[調御丈夫], 신과 인간의 스승[天人師], 붓다[佛], 세상에서 가장 존귀하신 분[世尊]이시다'라고 믿읍니다.”

"그렇다면 지바카여! 코끼리를 준비하라."

"그리 하겠나이다!" 하고 답하고 나서 지바카는 5백 마리의 암코끼리와 위풍당당한 숫코끼리를 준비한 뒤 아쟈타삿투왕에게 아뢰었다.

"폐하! 코끼리가 준비되었나이다. 지체마시고 출발하소서.”

아쟈타삿투왕은 5백 마리의 암코끼리에 5백 명의 후궁을 태우고 자신은 위풍당당한 숫코끼리 위에 올라타고서 횃불이 내걸린 사이로 국왕의 위엄을 찬란히 빛내면서 라자그리하거리를 나와 지바카의 망고숲으로 향하였다.

이렇게 망고숲을 향해 가까이 다가가는데 아쟈타삿투왕은 갑자기 머릿털이 곤두서고 온 몸이 쭈볏해지면서 두려움을 느꼈다.

그러자 왕은 지바카에게 물었다.

"지바카여! 그대는 혹시 나를 속이려 하는 것이 아닌가? 그대는 나를 속여서 적군에게 팔아넘기려는 수작이 아닌가? 1250명이나 된다는 비구의 대집단이 기침소리 하나없이, 말소리 하나도 내지 않는다는 것이 도대체 이치에 맞는 말인가?"

"폐하! 두려움을 거두소서. 저는 대왕을 속이지도 않으며,

출가의 공덕

적군에게 팔아넘기지도 않을 것입니다. 조금만 더 나아가소서. 조금만 앞으로 나아가소서. 원형강당에는 등불이 환히 타오르고 있나이다."

이리하여 아쟈타삿투왕은 갈 수 있는 곳까지 코끼리를 타고 가다가 코끼리에서 내린 뒤 걸어 원형강당의 입구에 다가갔다.

가까이 다가가서 지바카 코말라밧챠에게 물었다.

"지바카여! 대체 세존께서는 어디에 계시는가?"

"폐하! 저곳에 계십니다. 세존께서는 중앙의 기둥쪽에서 동쪽을 향하여 비구들을 앞에 두고 앉아 계십니다."

마침내 마가다국왕이며 베데히부인의 아들인 아쟈타삿투왕은 세존께 다가가 한쪽에 섰다. 한쪽에 선 아쟈타삿투왕은 아주 고요한 연못처럼 평온하며 마음이 맑아 있는 비구무리를 둘러보다가 감탄하여 말했다.

"내 아들인 황태자 우다이 밧다[24]도 이 비구무리의 평온함과 고요함을 부디 갖추기를!"

세존께서 말씀하셨다.

"대왕이여! 자비로운 마음을 품고 계십니까?"

"스승이시여! 저는 황태자 우다이 밧다를 사랑하고 있습니다. 스승이시여! 이 비구들의 평온함과 고요함을 제 아들도 갖추었으면 하고 바랍니다."

아쟈타삿투왕은 세존께 절을 하고 비구들에게 합장한 뒤 한쪽에 물러나 앉았다.

자리를 잡고 나자 왕은 세존께 아뢰었다.

아자타삿투왕, 세존께 여쭈다

"세존이시여, 만약 질문에 답해주신다면 사소하나마 여쭙고 싶습니다."
"대왕이여! 무엇이든 궁금한 일은 물으십시오."
"스승이시여! 세상에는 수많은 직업이 있습니다.
예를 들면 코끼리 타는 직업, 말 타는 직업, 전차(戰車)를 조종하는 직업, 활 쏘는 직업, 깃발을 드는 직업, 군대의 참모, 식량배급하는 병사, 왕족출신의 무관(武官), 척후병, 숫코끼리같은 전사, 용사, 가죽군복을 입은 병사, 노예출신의 병사, 요리사, 이발사, 욕실의 하인, 스프 만드는 사람, 화환 만드는 사람, 염색인, 직물인, 바구니 짜는 사람, 항아리 만드는 사람, 회계사, 산술가 등등.
뿐만 아니라 더 많은 직업이 세상에는 있습니다. 사람들은 현세에서 눈으로 볼 수 있는 기술에 의해 생계를 유지하며 스스로 안락하고 쾌적하게 지내며, 또 부모를 모시고 처자식을 부양하며, 친구나 동료와 즐겁게 지내고 사문, 바라문에게 알찬 보시를 합니다.
그리고 그로 인해 하늘에 태어나 즐거운 과보를 받아서 하늘에서의 영화를 누릴 수 있게 되는 것입니다.

출가의 공덕

그렇다면 스승이시여! 이런 사람들과 마찬가지로 사문이 현세에서 받는, 눈으로 볼 수 있는 과보[25]를 가르쳐 주지 않으시렵니까?"

"대왕이여! 그 질문을 다른 사문, 바라문에게도 해 보았읍니까? 그런 적이 있다면 혹시 그 일을 기억하고 있읍니까?"

"스승이시여! 저는 이 질문을 다른 사문, 바라문에게도 하였으며, 그 일을 기억하고 있습니다."

"번거로운 일인지는 모르겠으나 그 때의 상황을 고스란히 이야기해주지 않겠습니까?"

"세존이나 세존에 버금가는 이가 계시는 곳에서 제게 번거로움이란 있을 수 없습니다."

"그렇다면 이야기해 보십시오."

육사외도(六師外道)의 주장

"스승이시여! 어느 날 저는 푸라나 캇사파에게 다가갔습니다.

그의 처소에 도착하자 서로 다정하게 인사와 안부를 주고받으며 허물없이 따뜻한 말을 건넨 후 저는 한쪽에 자리잡았습니다.

그리고 앞서와 똑같은 내용의 질문을 그에게 던졌습니다.

'캇사파여! 세상에는 수많은 직업이 있습니다. 코끼리 타는 직업, 말 타는 직업, 회계사, 산술가 등등 이 외에도 무수한 직업이 있습니다.

사람들은 현세에서 눈으로 볼 수 있는 기술에 의해 생계를 유지하며 자신을 편하고 안락하게 유지하고, 부모와 처자식 그리고 친구나 동료와 즐겁고 편안하게 생활하며 사문, 바라문에게도 알찬 보시를 합니다.

그리고 그로 인하여 하늘에 태어나 즐거운 과보를 받으며 하늘에서의 영화를 누릴 수 있게 되는 것입니다.

그렇다면 캇사파여! 이런 사람들처럼 사문들이 현세에서 받는 눈으로 볼 수 있는 과보를 가르쳐주지 않으시렵니까?'

이렇게 질문하자 푸라나 캇사파는 다음과 같이 대답하였습니다.

'대왕이여! 행위를 하는 자, 하게끔 하는 자, 남을 다치는 자, 다치게끔 하는 자, 고통을 주는 자, 고통을 주게 하는 자, 슬프게 하는 자, 곤경에 빠뜨리는 자, 두근두근하는 자, 두근두근하게 하는 자, 살생하는 자, 주지 않는 물건을 갖는 자, 남의 집에 무단으로 출입하는 자, 강도질하는 자, 도둑질, 노상강도, 타인의 아내를 범하는 자, 거짓말하는 자 등등 이러한 행위를 하는 자에게는 죄악이란 없습니다.

또 면도날처럼 예리한 원반으로 땅 위의 모든 중생을 다지고 으깨서 한 덩어리의 살점으로 만든다고 할지라도 그 행위로 인해 일어나는 죄악은 없으며, 죄악의 갚음을 받는 일

출가의 공덕

도 없습니다.

그리고 갠지스강 남쪽 언덕에서 살생하고 살생하게 시키고, 다치고 다치게 하고, 고통을 주고 고통을 주게 할지라도 그로 인해 죄악이 생길 리 없습니다. 갠지스 강 북쪽 언덕에서 보시를 하고 보시하게 하고, 제사를 지내고 제사를 지내게 할지라도 그것으로 인해 선업이 생길 리 없으며, 선업의 과보를 받는 일도 없습니다.

뿐만 아니라 보시, 자기제어, 감각기관의 통제에 의해서도, 진실을 말함에 의해서도 선업이 생기지 않으며, 그 과보를 받는 일도 없습니다.'

스승이시여! 이런 방식으로 푸라나 캇사파는 눈으로 볼 수 있는 사문의 과보를 묻는 데에 대하여 행위는 아무런 과보도 받지 않는다는 지론을 전개했던 것입니다.

스승이시여! 흡사 망고에 대하여 묻는데 라부쟈나무를 설명하고, 라부쟈나무를 묻는데 망고를 설명하고 있는 것처럼 제가 눈으로 볼 수 있는 사문의 과보를 질문했는데 푸라나 캇사파는 그 질문과는 아무런 상관도 없는 자신의 지론을 전개했던 것입니다.

그래서 저는 생각했습니다.

'내 영토 안에 있는 사문, 바라문이 나를 불만족스럽게 했다면 어떻게 처리해야 할까?'

그래서 스승이시여! 저는 푸라나 캇사파의 말을 칭찬도 비난도 하지 않고 있었습니다. 칭찬도 할 수 없고 비난도 할 수 없기에 불만으로 가득차 올랐지만 불만의 말을 내뱉지 않고 그의 말을 유감스럽게 생각하면서도 반론을 펼 수도 없어 자리에서 일어나 떠났던 것입니다.

스승이시여! 또 다른 어느날, 저는 막칼리 고살라가 있는 곳으로 나아갔습니다. 그래서 서로 인사를 주고 받은 뒤 한 쪽에 앉아서 이렇게 막칼리 고살라에게 물었던 것입니다.

'고살라시여! 세상에는 수많은 직업이 있습니다. 코끼리 타는 직업, 말 타는 직업…회계사, 산술가 등등 이 외에도 무수한 직업이 있습니다.

고살라시여! 이런 사람들처럼 사문들이 현세에서 받는 눈으로 볼 수 있는 과보를 가르쳐주지 않으시렵니까?'

스승이시여! 이렇게 제가 질문하자 막칼리 고살라는 대답했습니다.

'대왕이여! 중생이 번뇌에 물드는 데에는 원인도 동기도 없습니다. 원인도 동기도 없이 중생은 번뇌에 물드는 것입니다.

또한 중생이 청정해지는 데에도 원인과 동기가 없습니다. 원인도 없고 동기도 없이 중생은 청정해지는 것입니다. 자기자신의 행위건 타인의 행위건 인간의 행위에는 타락이나 청정함의 원인과 동기를 구할 수 없습니다. 힘도 없고 정진도 없고 인간의 강인함도 없고 인간의 기력도 없습니다. 모든 중생, 숨쉬는 모든 것, 태어난 모든 것, 목숨있는 모든 것은 지배력이 없으며, 운명과 우연의 결합과 본성에 의해서 다양하게 변해져 흑, 청, 적, 황, 백, 순백이라는 여섯 가지 계급으로 나뉘어 괴로움과 즐거움을 체험하는 것입니다.

주되는 중생은 140만 종류, 나아가 6천 종류, 6백 종류가 있습니다. 행위(業)는 5백 종류, 나아가 다섯 가지 감각기관에 근거한 다섯 종류, 몸과 입과 뜻에 근거한 세 종류가 있습니다. 몸과 입의 행위라는 완전한 행위도 있지만 뜻의 행위라는 반 분의 행위도 있습니다.

실천도는 62, 중겁(中劫)[26]도 62, 사람의 출생신분은 6, 수행단계는 6, 직업은 4천9백, 유행자는 4천9백, 나가신(神)[27]이 오래도록 살아온 집도 4천9백, 감각기관은 2천, 지옥은 3천, 번뇌가 있는 장소는 36, 생물은 7, 무생물은 7, 마디있는 식물은 7, 신과 인간과 귀신과 큰 호수도 각각 7, 파투바[28]는 7내지 7백, 꿈은 7내지 7백 가지가 있습니다.

8백4십만 대겁(大劫)이 있으며, 그 기간 동안 현명한 사람과 어리석은 사람이 똑같이 오고 가며 윤회한 후에 끝내는 괴로움에 종지부를 찍습니다.

그럴 경우 〈계라든가 서원, 고행이라든가 청정한 수행을 하여 미처 성숙하지 못한 행위를 성숙시키자〉라든가 〈성숙한 행위는 서서히 그 과보를 실현시키면서 멸해가자〉 따위란 있을 수 없습니다. 그런 것은 없는 것입니다. 괴로움과 즐거움은 헤아려지며 윤회에는 한도가 있는 까닭에 사람에 의해 증감하는 일도 없고, 과부족같은 일이 생기지도 않는 것입니다.

아함경

예를 들면 끈에 매어져 있는 공은 끈의 길이만큼 나갔다가 그 이상은 나아갈 수 없듯이 현명한 사람이나 어리석은 사람 똑같이 오고 가며 윤회한 후에 끝내는 피로움에 종지부를 찍는 것입니다.'

스승이시여! 이런 식으로 막칼리 고살라는 눈으로 볼 수 있는 사문의 과보를 질문했는데도 중생은 윤회를 거듭하다 보면 자연스럽게 청정하게 된다는 지론을 전개했던 것입니다.

스승이시여! 흡사 망고에 대하여 물었는데 라부쟈나무를 설명하고 라부쟈나무를 물었는데 망고를 설명하고 있는 것과 같이 제가 눈으로 볼 수 있는 사문의 과보에 대하여 막칼리 고살라에게 질문한데 대해 중생은 윤회를 거듭하면 자연스럽게 청정하게 된다는 지론을 전개했던 것입니다.

그래서 저는 아무런 대꾸도 하지 않고 자리에서 일어나 떠나왔던 것입니다.

또다른 어느 날 저는 아지타 케사캄발리가 있는 곳으로 갔습니다. 서로 인사를 주고 받은 뒤 한쪽에 자리를 잡고 앉아서 저는 똑같은 질문을 하였습니다.

그러자 아지타 케사캄발리는 다음과 같이 답하였습니다.

'대왕이여! 보시나 제사, 공물은 어떠한 의미도 없습니다. 이 세상도 없고 저 세상도 없습니다. 선악업의 과보도 없으며 어머니도 없고 아버지도 없습니다.

죽어서 또다시 태어나는 중생도 없고, 이 세상에서 진리에 잘 도달하여 길을 잘 가며, 이 세상과 저 세상을 스스로 알며 자신의 눈으로 보고 사람들에게 설해주는 사문, 바라문도 없습니다.

사람이라는 것은 네 가지 원소로 이루어져 있어, 죽으면 땅의 요소는 땅으로 융합되고 물의 요소는 물로 융합되고 불의 요소는 불로 융합되며 바람의 요소는 바람에 융합되고 감각기관은 허공으로 융합됩니다.

네 사람이 시체를 관에 넣고 장송곡을 부르며 화장터까지 날라가지만 뼈는 비둘기 같은 색을 띠고 죽은 이가 생전에 올린 공물은 재가 되어버리는 것입니다.

보시에 관한 이야기 따위는 바보의 가르침입니다. 보시에 과보가 있다고 주장하는 자들이 있지만 그들의 말은 헛된 거짓말이며 가치없는 말에 불과한 것입니다.

어리석은 사람도, 현명한 사람도, 육체가 멸하면 완전히 사라져 무(無)로 돌아가는 것이며, 사후에 존재하는 것은 아무도 없습니다.'

이런 식으로 제가 눈으로 볼 수 있는 사문의 과보를 물은 데 대해 아지타 케사캄발리는 육체의 죽음에 의한 소멸이라는 지론을 전개했던 것입니다.

스승이시여! 흡사 망고에 대해 질문하는데 라부쟈나무를 설명하고 라부쟈나무를 질문하는데 망고를 설명하는 것처럼 아지타 케사캄발리는 눈으로 볼 수 있는 사문의 과보에 대한 질문에 대해 육체의 죽음에 따른 소멸이라는 지론을 전개했던 것입니다.

그래서 저는 아무런 대꾸도 하지 않고 그대로 자리에서 일어나 떠나왔던 것입니다.

또 다른 어느 날 저는 파쿠다 캇챠야나가 있는 곳으로 갔습니다. 서로 인사를 주고 받은 뒤 한쪽에 앉은 저는 앞서와 똑같은 질문을 하였습니다.

그러자 파쿠다 캇챠야나는 다음과 같이 답하였습니다.

'대왕이여! 여기에 있는 일곱 가지 요소는 만들어진 것이 아니고 명령으로 만들어진 것도 아니고 창출된 것도 아니고 창출되도록 시켜진 것도 아니며 아무 것도 낳지 않고 산 정상처럼 부동하며 기둥처럼 흔들림없는 것입니다.

그것들은 움직임이 없으며 변화하지 않고 서로 상처를 입히지도 않으며 서로 다른 것을 즐겁게 한다거나 괴롭게 한다거나 괴로움과 즐거움을 준다거나 하는 일도 할 수 없습니다.

일곱 가지 요소란 무엇인가 하면 땅, 물, 불, 바람, 즐거움, 괴로움 그리고 영혼입니다. 이들 일곱 가지 요소는 만들어진 것도 아니고 명령으로 만들어진 것도 아닙니다. 창출된 것도 아니며 창출되도록 시켜진 것도 아닙니다. 아무 것도 낳지 않고 산 정상처럼 부동하며 기둥처럼 흔들림없는 것입니다.

그것들은 움직임이 없고 변화하지 않으며 서로 상처를 입히지도 않으며 서로 다른 것을 즐겁게 한다거나 괴롭게 한다거나 괴로움과 즐거움을 준다거나 하는 일은 할 수 없습니다.

거기에는 죽인 자도 죽이게 하는 자도, 듣는 자도 듣게 하는 자도, 아는 자도 알게 하는 자도 없습니다.

예를 들면 예리한 칼로 머리를 잘라낸다 해도 누가 누구의 목숨을 빼앗은 것이 아닙니다. 일곱 가지 요소의 사이에 칼이 들어갔다 나온 것에 불과하기 때문입니다.'

스승이시여! 이런 식으로 제가 눈으로 볼 수 있는 사문의 과보를 질문한 데 대해 파쿠다 캇챠야나는 다른 것에 대한 지론을 전개했던 것입니다.

스승이시여! 흡사 망고에 대해서 질문했는데 라부쟈나무를 설명하며, 라부쟈나무를 질문했는데 망고에 대해 설명하는 것과 같이 파쿠다 캇챠야나는 눈으로 볼 수 있는 사문의 과보에 대한 질문에 자신의 지론을 전개했던 것입니다.

그래서 저는 아무런 대꾸도 없이 그대로 자리에서 일어나 떠나왔던 것입니다.

또 다른 어느 날 저는 니간타 나타풋타가 있는 곳으로 갔습니다. 서로 인사와 안부를 주고 받은 뒤 한쪽에 앉아 저는 앞서와 똑같은 질문을 니간타 나타풋타에게 하였습니다.

스승이시여! 그러자 니간타 나타풋타는 그 질문에 대해 다음과 같이 답하였습니다.

'대왕이여! 세상에서 니간타의 신도들은 네 가지 자기억제로써 스스로를 악에서 지키며 살아갑니다. 네 가지의 자기억제란 다음과 같습니다.

세상의 모든 니간타 신도는 모든 찬물을 자제하여 마시지 않고, 모든 악을 멈추는 일에 전념하며, 모든 악을 멈추므로써 악을 추방하고, 모든 악을 멈추는 일을 습관으로 하며 지냅니다.

대왕이여! 이 때문에 니간타의 신도는 그 마음의 궁극에 도달하였고 제어되어 있으며 흔들림이 없다고 일컬어지는 것입니다.'

이와 같이 니간타 나타풋타는 눈으로 볼 수 있는 사문의 과보에 대한 질문에 네 가지 자기억제라는 지론을 전개했던 것입니다.

스승이시여! 흡사 망고에 대해 질문했는데 라부쟈나무를 설명하고, 라부쟈나무를 질문했는데 망고에 대해 답하는 것과 같이 니간타 나타풋타는 눈으로 볼 수 있는 사문의 과보에 대한 저의 질문에 네 가지 자기억제라는 지론을 펼쳤던 것입니다.

그리하여 저는 니간타 나타풋타의 말에 한 마디 대꾸도 하지 않고 그대로 자리에서 일어나 떠나왔던 것입니다.

스승이시여! 또 다른 어느 날 저는 산쟈야 벨랏티풋타가 있는 곳으로 갔습니다. 서로 인사를 주고 받은 뒤 한쪽에 앉아 앞서와 똑같은 질문을 하였습니다.

'산쟈야시여! 세상에는 수많은 직업이 있습니다. 코끼리 타는 직업, 말 타는 직업…. 그런데 이들 사람들처럼 사문이

현세에서 받는 눈으로 볼 수 있는 과보를 가르쳐주지 않으시렵니까?'

스승이시여! 제가 이렇게 질문하자 산쟈야 벨랏티풋타는 다음과 같이 답하였습니다.

'다른 세계가 있는가라고 당신이 물었을 때 만약 내가 있다고 생각한다면 다른 세계가 있다고 나는 답할 것입니다.

그러나 나는 그렇게는 생각하지 않습니다. 그렇게도 생각하지 않고 달리 생각하지도 않습니다. 다른 세계가 없다고도 생각하지 않고 없지도 않다고 생각하지도 않습니다. 다른 세계는 없는가라는 질문에 대해서도 마찬가지입니다.

다른 세계는 있음과 동시에 없는 것인가, 다른 세계는 없음과 동시에 없는 것도 아닌 것인가, 또한 원인없이 죽어서는 태어나 변하는 중생은 있는 것인가 없는 것인가, 있는 것과 동시에 없는 것인가, 없음과 동시에 없지도 않은 것인가.

또한 범부들은 사후에 존재하는가 존재하지 않는가, 존재함과 동시에 존재하지 않는 것인가, 존재하지 않음과 동시에 존재하지 않는 것도 아닌 것인가에 대해 나에게 질문하여도 일반인들이 사후에 존재하지 않음과 동시에 존재하지 않는 것도 아니라고 내가 생각한다면 나는 그렇게 답할 것입니다.

그러나 나는 그렇게는 생각하지 않습니다. 그렇게는 생각하지 않고 달리 생각하지도 않으며, 그렇지 않다고도 생각하지 않고 그렇지 않은 것도 아니라고도 생각하지 않습니

아함경

다.'
 이와 같이 산쟈야 벨랏티풋타는 눈으로 볼 수 있는 사문의 과보를 묻는 저의 질문에 대해 어지러운 지론을 전개했던 것입니다.
 스승이시여! 마치 망고를 묻는데 대해 라부쟈나무를 답하는 것과 같고 라부쟈나무를 묻는데 망고를 설명하는 것과 같아, 산쟈야 벨랏티풋타는 눈으로 볼 수 있는 사문의 과보를 묻는 저의 질문에 어지러운 지론을 전개했던 것입니다.
 그래서 저는 산쟈야 벨랏티풋타의 말에 한마디 대꾸도 없이 그대로 자리에서 일어나 떠나왔던 것입니다."

아쟈타삿투왕의 질문

 "이제 스승이시여! 세존께도 여쭙겠습니다.
 스승이시여! 세상에는 수많은 직업이 있습니다. 예를 들면 코끼리 타는 직업, 말 타는 직업, 전차를 조종하는 직업, 활쏘는 직업, 깃발을 드는 직업, 참모, 식량배급하는 병사, 왕족출신의 무관, 척후병, 숫코끼리같은 전사, 용사, 가죽군복을 입은 병사, 노예출신의 병사, 요리사, 이발사, 욕실의 하인, 스프 만드는 사람, 화환 만드는 사람, 염색인, 직물인, 바구니 짜는 사람, 항아리 만드는 사람, 회계사, 산술가 등등 이 밖에도 수많은 직업이 있습니다.

사람들은 현세에서 눈으로 볼 수 있는 과보에 의해 생계를 유지하고 자신을 안락하고 쾌적하게 유지하며, 부모와 처자식과 친구와 동료와 즐겁게 지내고 사문, 바라문에게 알찬 보시를 합니다. 그리고 그로 인해 하늘에 태어나 즐거운 과보를 받아서 하늘에서의 영화를 누릴 수 있게 되는 것입니다.

그렇다면 스승이시여! 이런 사람들과 마찬가지로 사문이 현세에서 받는 눈으로 볼 수 있는 과보를 가르쳐주시지 않겠습니까?"

"물론 가르쳐 드리겠습니다. 대왕이여! 이제 그에 관해 내 쪽에서 질문하고자 합니다. 바르게 생각하고 그대로 대답해 주십시오."

첫번째 과보

"대왕이여! 어떻게 생각하십니까? 예를 들어 여기에 노예 신분의 하천한 남자가 있다고 합시다. 그 남자는 항상 시중을 들며 아침에는 왕보다 먼저 일어나고 밤에는 왕보다 늦게 자리에 듭니다. 어떠한 일에도 순종하며 기분좋게 움직이고 호감이 가는 말을 하며 대왕의 안색을 살피며 지냅니다. 그 남자가 어느 날 우연히 이렇게 생각을 합니다.

'선업의 행방과 과보라는 것이 얼마나 불가사의하고 경이로운 것인가? 저 마가다국왕이며 베데히부인의 아들인 아쟈타삿투왕은 다섯 가지 감각기관의 쾌락을 누리며 자신의 것으로 삼고 만족하며 지내고 있는 모양이 어느 신인들 부러울까보냐!

그러나 나는 어떠한가? 나는 왕의 시중이나 드는 노예로서 언제나 순종하며 왕의 안색을 살피면서 지낸다. 나도 선업을 쌓으면 저 왕처럼 될 것이 틀림없다. 머리와 수염을 깎고 누런 가사를 입고 집을 버리고 출가생활에 들어가기로 하자.'

그는 이윽고 머리와 수염을 깎고 누런 가사를 입고 집을 버리고 출가생활에 들어갑니다. 이렇게 출가해서 몸과 입과 뜻을 제어하고 최소한의 옷과 음식에 만족하며 홀로 지내는 것을 즐기며 생활합니다. 그런데 대왕의 신하가 이렇게 아뢴다고 합시다.

'폐하! 폐하의 노예였던 자가 지금 머리와 수염을 깎고 누런 가사를 입고 출가생활에 들어갔다고 하나이다. 그는 출가해서 몸과 입과 뜻을 제어하며 최소한의 옷과 음식에 만족하고 홀로 지내는 것을 즐기며 생활한다고 하나이다.'

대왕은 이 보고를 듣고 '보아라. 그 남자를 도로 끌어다 예전의 노예신분으로 지내게 하라'고 말하시겠습니까?"

"아닙니다. 스승이시여! 절대로 그렇지 않습니다. 오히려 제 편에서 그 분에게 예를 올리며 자리에서 일어나 자리를 권하며 옷과 음식과 침소와 의약품을 공양하고 규칙에 따라

출가의 공덕

그를 돌보고 보호할 것입니다."

"어떻게 생각하는가? 만약 그렇다면 사문이 현세에서 받는 눈으로 볼 수 있는 과보는 있는가, 없는가?"

"그렇다면 눈으로 볼 수 있는 사문의 과보는 분명히 있는 것입니다."

"대왕이여! 이것입니다. 사문이 현세에서 받는 눈으로 볼 수 있는 첫번째 과보에 대한 가르침입니다."

두번째 과보

"스승이시여! 그러면 이 외에도 사문이 현세에서 받는 눈으로 볼 수 있는 과보가 또 있겠습니까? 있다면 그것은 어떠한 것입니까?"

"물론 이 외에도 또 있습니다. 대왕이여! 이제 또다시 내가 대왕에게 질문하리니 잘 생각해서 그대로 대답하도록 하십시오.

대왕이여! 어떻게 생각하십니까? 예를 들면 여기에 대왕의 신하인 농부가 있다고 합시다. 그는 한 집안의 가장으로서 세금을 내어 대왕의 재산을 늘리는 데 보탬이 되고 있습니다. 이 남자가 어느 날 우연히 이렇게 생각을 합니다.

'오! 얼마나 불가사의하고 경이로운가! 저 마가다국왕이며 베데히부인의 아들인 아쟈타삿투왕이 사람이라면 나 또한 사람이다.

그런데 이 아쟈타삿투왕은 다섯 가지 감각기관의 쾌락을 누리며 자신의 것으로 삼고 만족하며 지내고 있는 모습이 어느 신인들 부러울까보냐! 그러나 나는 어떠한가? 왕에게 봉사하는 농부이며 가장으로서 세금을 내어 왕의 재산을 늘려주고 있다. 이런 나도 선업을 쌓아 그와 같이 되고 싶다. 그렇다! 나도 머리와 수염을 깎고 누런 가사를 입고 집을 버리고 출가생활에 들어가자.'

이윽고 그는 있던 재산을 버리고 친족도 버리고 머리와 수염을 깎고 누런 가사를 입고 출가생활에 들어갑니다.

이렇게 출가하여 몸과 입과 뜻을 제어하고 최소한의 옷과 음식에 만족하며 홀로 지내기를 즐기며 생활합니다.

그런데 이런 그의 모습을 보고 대왕의 신하가 대왕에게 알린다고 합시다.

'폐하! 폐하의 농부였던 남자가 머리와 수염을 깎고 누런 가사를 입고 출가생활에 들어갔나이다. 그는 출가하여 몸과 입과 뜻을 제어하고 최소한의 옷과 음식에 만족하며 홀로 지내기를 즐기며 생활하고 있나이다.'

대왕이 이 보고를 듣고나서 '보아라! 어서 그 남자를 도로 끌어다 예전의 농부로 돌려놓아라'라고 명령하겠습니까?"

"아닙니다. 스승이시여! 절대로 그렇지 않습니다. 오히려 제 편에서 그 분께 예를 올리고 자리에서 일어나 자리를 권하며 옷과 음식과 침소, 의약품을 공양하고 규칙에 따라 그를 돌보고 보호할 것입니다."

"대왕이여! 만약 그렇다면 사문이 현세에서 받는 눈으로 볼 수 있는 과보는 있는 것입니까, 없는 것입니까?"

"그렇다면 사문이 현세에서 받는 눈으로 볼 수 있는 과보는 틀림없이 있는 것입니다."

"대왕이여! 바로 이것입니다. 사문이 현세에서 받는 눈으로 볼 수 있는 두번째 과보에 대한 가르침입니다."

더 훌륭한 과보

"그런데 사문이 현세에서 받는 눈으로 볼 수 있는 과보로써 지금까지의 두 가지 과보보다 더 훌륭하고 뛰어난 과보를 보여주지 않으시겠습니까?"

"물론 보여줄 수 있습니다. 잘 듣고 주의깊게 생각하십시오. 대왕에게 말하겠습니다."

"그리 하겠나이다, 스승이시여!"라고 아쟈타삿투왕은 세존께 답하였다. 세존께서는 이렇게 말씀하셨다.

여래 출현과 출가

"대왕이여! 이 세상에 여래(진리에 도달한 사람)가 출현한다. 그는 아라한이며, 완전하게 깨달음에 도달한 사람이며, 지혜와 행을 두루 겸비한 사람이다.

또한 그는 잘 간[善逝] 사람이며, 윤회세상의 모든 것을 아는 사람, 위없는 사람, 중생을 잘 다룰 줄 아는 사람이며, 신들과 인간의 스승이고 붓다이며, 세상에서 가장 존귀한 분이라 불리고 있다.

그 사람은 천상계와 악마계, 범천계를 포함한 이 세계와 사문, 바라문, 신, 인간을 포함한 중생계를 스스로 알고 스스로 보며 설하신다.

그 사람은 처음에도 훌륭했고 중간에도 훌륭했으며, 끝까지 훌륭하게 문자와 뜻을 가지고 가르침을 펼쳤으니 완전무결하고 청정하며 깨끗한 행을 가르치신다.

가장이나 가장의 아들, 혹은 다른 가문에서 태어난 사람이 이 가르침을 듣는다. 가르침을 듣고 여래에 대한 믿음을 얻는다. 믿음을 가진 이가 되어 그는 이렇게 깊이 생각한다.

'가정생활은 번거로운 일이 많아 먼지덩어리에 불과하다. 출가생활은 허공처럼 자유롭다. 가정생활을 하고 있는 사람이 완전하고 티끌 하나 없이 깨끗한 진주같이 닦여진 청정한 행을 실천한다는 일은 쉽지 않다. 그렇다. 머리와 수염을

출가의 공덕

깎고 누런 가사를 입고 집을 버리고 출가생활에 들어가자.'

이윽고 이 사람은 재산이 많고 적음을 따지지 않고 전부 버리고 친족을 떠나 머리와 수염을 깎고 누런 가사를 입고 출가생활에 들어갑니다.

이렇게 출가해서 파티목카[29]라는 계율에 따라 자기를 다스리게 됩니다. 올바른 행의 실천에 힘쓰고 사소한 잘못도 두려워하면서 배워야할 계율 조항을 자신의 것으로 삼고 닦아서 바른 몸의 행과 말의 행을 지닙니다. 생활을 청정하게 하여 계율을 지니고 감각기관의 문을 보호하고 주의깊게 생각하고 충분히 생각하며 만족하게 생활해 갑니다.

계율을 지님

그렇다면 비구는 어떻게 계율을 몸에 지녀야 하는 것일까요?

대왕이여! 비구는 현세에서 살생을 멈추고 살생을 그치며 막대기나 칼을 사용하지 않습니다. 살생을 부끄러이 여겨 자비로운 마음으로 목숨있는 모든 것을 생각하며 위로하며 지냅니다.

이것은 비구가 지켜야 할 계율의 일부입니다.

자기에게 주어지지 않는 물건을 갖지 않고, 주어지지 않는 물건을 갖기를 떠나, 주어진 물건을 갖고 그에 만족하며,

훔치려는 마음이 없이 스스로 깨끗하게 지냅니다.
이것도 비구가 지켜야 할 계율의 일부입니다.
음란한 행동을 멈추고 청정한 행을 실천하며 음린힌 행동에서 멀리 떠나 머물며, 성행위나 조잡한 행위를 끊어 버립니다.
이것도 비구가 지켜야 할 계율의 일부입니다.
거짓말을 하지 않고 거짓말을 멈추며 진실을 말하고 진실을 따르며 확고하고 신뢰할 만하고 세상을 속이지 않습니다.
이것도 비구가 지켜야 할 계율의 일부입니다.
모함하지 않고 모함하는 말을 멈추며, 이쪽에서 들은 말을 저쪽에 일러 이쪽 사람들을 이간질시키거나, 저쪽에서 들은 말을 이쪽에 일러 저쪽 사람들을 이간질시키지 않습니다. 사이가 나쁜 사람들을 서로 화합케 하고, 사이좋은 사람들을 그 상태가 더 오래 유지되도록 하며 평화를 사랑하고 평화를 기뻐하며 평화에 적극적이고 평화를 가져오는 말을 합니다.
이것도 비구가 지켜야 할 계율의 일부입니다.
거친 말을 쓰지 않고 거친 말을 멈추며, 결점이 없고 듣기 좋으며, 다정하게 마음을 적시고 세련되며, 많은 사람들에게 사랑받고 그들을 기쁘게 만드는 말을 합니다.
이것도 비구가 지켜야 할 계율의 일부입니다.
싱거운 말을 멈추고 싱거운 말을 멀리 떠나 때를 얻은 말을 하며 진실을 말하고 뜻있는 말을 하며 가르침에 어울리는 말을 하고 비구의 규칙에 있는 말을 합니다.

마음에 새기기에 어울리는 말을 적절한 때에 비유를 써서 맺고 끊음이 분명하게 요점을 또박또박 가려 말합니다.

이것도 비구가 지켜야 할 계율의 일부입니다.

씨앗이나 초목을 짓밟지 않고 1일 1식을 하며 밤에는 음식을 먹지 않고 정해진 시간 이외에는 식사하지 않습니다.

연극이나 노래, 악기연주, 구경거리를 찾지 않고, 꽃다발이나 향료, 화장품을 사용하거나 치장하지 않습니다.

높고 큰 침대를 사용하지 않고 금과 은을 받아서는 안 되며, 날곡류를 받지 말고, 날고기를 받아서도 안 됩니다.

처녀나 나이 어린 소녀를 가까이 하지 않고, 남녀 노예를 거느리지 않으며, 암수 산양을 받지 않습니다.

닭이나 돼지, 코끼리나 소, 암말, 숫말을 받지 않고, 논밭이나 황무지조차도 받지 않습니다.

심부름을 하거나 중개인의 역할을 하지 않고, 매매행위를 하지 않습니다.

저울의 눈금을 속인다거나 화폐를 속이고 자의 칫수를 속이지 않습니다.

뇌물을 받거나 사기를 치거나 속임수와 같은 부정한 행위를 하지 않습니다.

그리고 남을 다쳐서 불구자로 만들거나 살류, 포박, 노상강도, 폭력강도 등의 폭력행위를 하지 않습니다.

아함경

이것도 비구가 지켜야 할 계율의 일부입니다.

어떤 존경할 만한 사문, 바라문들은 사람들이 믿음에서 보시한 음식을 먹으면서도 다음과 같이 씨앗이나 초목의 생명을 빼앗으며 지냅니다.

다시 말하면 뿌리식물, 줄기식물, 가지식물, 이듬해 쓸 이삭을 종자로 하고 있는 것, 그리고 씨앗을 종자로 하고 있는 것이다. 이같은 씨앗이나 초목의 생명을 빼앗는 일로부터 벗어나야 합니다.

이것도 비구가 지켜야 할 계율의 일부입니다.

또한 어떤 존경할 만한 사문, 바라문들은 사람들이 믿음에서 보시한 음식을 먹으면서도 다음과 같이 쌓고 저장하기를 즐기며 지냅니다.

다시 말하면 먹을 것, 마실 것, 옷가지, 수레, 침구, 향료, 기호품을 쌓고 저장하는 일로부터 벗어나야 합니다.

이것도 비구가 지켜야 할 계율의 일부입니다.

또한 어떤 존경할 만한 사문, 바라문들은 사람들이 믿음에서 보시한 음식을 먹으면서도 다음과 같은 구경거리를 즐기며 지냅니다.

다시 말하면 무용이나 노래, 악기연주, 구경거리, 환담, 심벌연주곡, 마술, 큰 북 연주, 요염한 춤, 쇠구슬곡예, 대나무를 사용하는 곡예, 뼈를 씻는 행위, 코끼리나 말, 물소, 황소, 산양, 양, 수탉, 메추라기싸움, 작대기투기, 권투, 격투, 군대의 전투, 선진(先陣), 포진, 열병(閱兵)을 즐기며 지냅니다.

　이와 같은 구경거리를 보는 일로부터 벗어나야 합니다.
　이것도 비구가 지켜야 할 계율의 일부입니다.
　또한 어떤 존경할 만한 사문, 바라문들은 사람들이 믿음에서 보시한 음식을 먹으면서도 다음과 같은 도박이나 게으름에 빠져 지냅니다.
　다시 말하면 장기, 앙감질(한 발을 들고 한 발로만 뛰어가는 것), 모래성 허물기, 원반 던지기, 길고 짧은 막대기로 서로 치는 놀이, 염료 속에 손을 넣어 물든 손으로 장난치는 수수께끼놀이, 공놀이, 풀피리놀이, 가래놀이, 물구나무서기, 종려나무로 만든 풍차놀이, 종려잎으로 모래를 세는 놀이, 장난감 수레놀이, 활놀이, 허공이나 등 뒤에 쓴 글씨를 읽어내는 놀이, 상대방의 마음을 알아맞추는 놀이, 사람의 단점 흉내내기 등입니다.
　이같은 도박이나 게으른 놀이로부터 벗어나야 합니다.
　이것도 비구가 지켜야 할 계율의 일부입니다.
　또한 어떤 존경할 만한 사문, 바라문들은 사람들이 믿음에서 보시한 음식을 먹으면서도 다음과 같은 높고 큰 침대를 사용하면서 지내고 있습니다.
　다시 말하면 규정된 것보다 높은 것, 다리 부분에 동물이 조각되어 있는 것, 털이 긴 양털홑이불, 색채가 진한 양털덮개, 흰 양털덮개, 꽃이 수놓인 양털방석, 솜을 넣은 방석, 동물을 수놓은 양털방석, 양끝에 수술이 달린 양털방석, 한쪽

끝에 수술이 달린 양털방석, 보석을 꿰매 단 팔걸이, 비단홑이불, 위에서 열여섯 사람의 무용수가 춤출 수 있을 정도로 커다란 양털깔개, 코끼리등깔개, 말안상, 수레의 낄개, 영양의 등가죽을 이어 재단한 깔개, 사자의 껍질을 이어서 재단한 깔개, 차양있는 것, 위아래로 붉은 베개가 놓인 것입니다.
　이같은 높은 침대나 크고 훌륭한 침상을 사용하지 않습니다.
　이것도 비구가 지켜야 할 계율의 일부입니다.
　또한 어떤 존경할 만한 사문, 바라문들은 사람들이 믿음에서 보시한 음식을 먹으면서도 다음과 같이 몸을 치장하는 데에 빠져서 지내고 있습니다.
　다시 말하면 향수를 뿌리는 일, 안마, 목욕, 맛사지하는 일, 거울보는 일, 눈화장, 꽃다발, 향수, 입술연지, 화장품, 팔찌, 머리장식, 지팡이, 약주머니, 장식붙인 칼, 양산, 채색된 신발, 머리 수건, 보석, 부채, 소매에 장식달린 긴 흰 옷과 같은 것으로 장식하는 일입니다.
　이같은 장식품에 빠지지 않습니다.
　이것도 비구가 지켜야 할 계율의 일부입니다.
　또한 어떤 존경할 만한 사문 바라문들은 사람들이 믿음에서 보시한 음식을 먹으면서도 다음과 같이 무익한 이야기에 빠져 지내고 있습니다.
　다시 말하면 왕이나 도둑, 신하에 관한 이야기, 군대나 전쟁, 공포에 관한 이야기, 먹을 것과 마실 것에 관한 이야기, 옷이나 침대, 꽃다발, 향수에 관한 이야기, 친척의 신변에 관한 이야기, 수레나 마을, 거리, 도시나 국가에 관한 이야기, 여자나 남자에 관한 이야기, 영웅이야기, 길거리의 소문에 관한 이야기, 죽은 자에 관한 이야기, 두서없는 잡담, 세계창조에 관한 이야기, 바다의 기원에 관한 이야기, 그 외 가타부타 여러 가지 이야기입니다.

이러한 무익한 이야기에 빠지지 않습니다.

이것도 비구가 지켜야 할 계율의 일부입니다.

또한 어떤 존경할 만한 사문이나 바라문들은 사람들이 믿음에서 보시한 음식을 먹으면서도 다음과 같은 말씨름에 열중해서 지내고 있습니다.

다시 말하면 '그대는 이 가르침과 실천을 이해하지 못하고 있지만 나는 이해하고 있습니다. 어떻게 그대가 이해할 수 있겠는가?' '그대는 잘못된 길을 가고 있지만 나는 바른 길을 가고 있습니다', '나의 말은 이치에 맞지만 그대의 말은 그렇지 않습니다', '그대는 먼저 말해야 할 것을 뒤에 말하고 뒤에 말해야 할 것을 먼저 말했습니다', '그대가 깊이 생각해보지도 않고 꺼낸 말을 내가 뒤엎어 버렸습니다', '그대의 주장은 논의에 상정되겠지만 질 것입니다', '그대의 생각에서 벗어나기 위해 편력하시오. 가능한 한 스스로 풀어보시오'라는 것과 같은 말씨름입니다.

이같은 말씨름에서 벗어나야 합니다.

아함경

이것도 비구가 지켜야 할 계율의 일부입니다.

또한 어떤 존경할 만한 사문이나 바라문들은 사람들이 믿음에서 보시한 음식을 먹으면서도 다음과 같이 심부름을 하거나 중개인의 역할을 하면서 지내고 있습니다.

다시 말하면 '이리로 가시오, 저리로 가시오'. '이것을 가지고 가시오', '이것을 가지고 저리로 가시오'라고 왕이나 신하, 크샤트리야, 바라문, 가장이나 젊은이의 부탁을 받고 일하는 것입니다.

이같은 심부름이나 중개인의 역할로부터 벗어나야 합니다.

이것도 비구가 지켜야 할 계율의 일부입니다.

또한 어떤 존경할 만한 사문이나 바라문들은 사람들이 믿음에서 보시한 음식을 먹으면서도 거짓말하고 본심을 감추며 수다떨고 점치고 기도하여 이익을 얻고도 더 얻으려고 합니다.

이같은 일을 하지 않아야 합니다.

이것도 비구가 지켜야 할 계율의 일부입니다.

또한 어떤 존경할 만한 사문이나 바라문들은 사람들이 믿음에서 보시한 음식을 먹으면서도 다음과 같은 저속한 주술에 의한 그릇된 방법으로 생계를 유지하고 있습니다.

다시 말하면 손바닥과 발바닥으로 보는 점, 어떤 징조에 따라 보는 점, 날씨로 보는 점, 꿈을 풀이하는 점, 몸의 모습으로 보는 점, 쥐의 이빨자국으로 보는 점, 그리고 신에게

출가의 공덕

공물을 올린다든가 국자에 의한 공물, 달걀껍질공물, 쌀겨 공물, 쌀공물, 녹인 버터공물, 기름공물, 입에서 토해내는 공물, 피공물, 몸의 부분이나 관절의 모습을 보고 주문을 외면서 보는 운수판단, 집터의 길흉을 점치는 주술, 나라를 다스리는 주술, 묘지의 악귀를 잠재우는 주술, 죽은 자의 영혼을 잠재우는 주술, 노숙하기 위한 주술, 뱀에게 물렸을 때의 주술, 뱀의 독을 푸는 주술, 전갈에게 물렸을 때의 주술, 쥐에게 물렸을 때의 주술, 새 울음소리로 치는 점, 까마귀 울음소리로 치는 점, 수명을 묻는 점, 화살로부터 몸을 보호하기 위한 주술, 짐승의 소리를 해독하는 주술과 같은 것입니다.

이같은 저속한 주술을 하지 않아야 합니다.

이것도 비구가 지켜야 할 계율의 일부입니다.

또한 어떤 존경할 만한 사문이나 바라문들은 사람들이 믿음에서 보시하는 음식을 먹으면서도 다음과 같은 저속한 기술에 의한 그릇된 수단으로 생계를 유지하며 지냅니다.

다시 말하면 보석이나 막대기의 모습으로 점을 친다거나 옷, 칼, 화살, 활이나 무기의 모습으로 점을 친다거나 남녀노소의 모습, 노예의 모습으로 점을 친다거나 코끼리, 말, 물소, 숫소, 암소, 산양, 양, 닭, 메추라기, 도마뱀, 귀걸이, 거북이, 기타 동물의 모습으로 점을 치는 것이다.

이와 같은 저속한 기술로부터 벗어나야 합니다.

이것도 비구가 지켜야 할 계율의 일부입니다.

또한 어떤 존경할 만한 사문이나 바라문들은 사람들이 믿음에서 보시하는 음식을 먹으면서도 다음과 같은 저속한 기술에 의한 그릇된 수단으로 생계를 유지하고 있습니다.

다시 말하면 '왕은 진군할 것이다, 하지 않을 것이다', '아군의 왕은 진군하고 적군의 왕은 퇴각할 것이다', '아군의 왕은 이기고 적군의 왕은 패할 것이다', '적군의 왕은 이기고 아군의 왕은 패할 것이다'라는 것처럼 '이쪽이 이길 것이라든가 이쪽은 패할 것이다'라고 말하는 것입니다.

이와 같은 저속한 기술에 의한 그릇된 수단으로 생계를 유지해서는 안 됩니다.

이것도 비구가 지켜야 할 계율의 일부입니다.

또한 어떤 존경할 만한 사문이나 바라문들은 사람들이 믿음에서 보시한 음식을 먹으면서도 다음과 같은 저속한 기술에 의한 그릇된 수단으로 생계를 유지하고 있습니다.

다시 말하면 '일식이 있을 것이다', '월식이 있을 것이다', '성식(星蝕)이 있을 것이다', '해와 달이 궤도를 따라갈 것이다', '이탈할 것이다', '별은 궤도를 따라갈 것이다', '이탈할 것이다', '유성이 있을 것이다', '산불이 일어날 것이다', '지진이 일어날 것이다', '벼락이 생길 것이다', '해와 달과 별이 차고 기울거나 명암이 생길 것이다', '이러이러한 결과를 예고하기 위해 일식·벼락이 있을 것이다', '이러이러한 결과를 예고하기 위해 해와 달과 별이 차고 기울거나 명암이 있을 것이다'라고 말하는 것입니다.

이같은 저속한 기술에 의한 그릇된 수단으로 생계를 유지

출가의 공덕

해서는 안 됩니다.

이것도 비구가 지켜야 할 계율의 일부입니다.

또한 어떤 사문이나 바라문들은 사람들이 믿음에서 보시한 음식을 먹으면서도 다음과 같은 저속한 기술에 의한 그릇된 수단으로 생계를 유지하고 있습니다.

다시 말하면 '비가 많이 내릴 것이다', '극심한 가뭄이 있을 것이다', '수확은 충분할 것이다', '기근이 있을 것이다', '평화가 찾아올 것이다', '공황이 닥칠 것이다', '전염병이 창궐할 것이다', '건강해질 것이다'라고 말하거나 또는 손가락을 이용한 계산술, 암산, 수량을 어림짐작하는 기술이나 시작(詩作), 궤변술과 같은 것이 그것입니다.

이같은 저속한 기술에 의한 그릇된 수단으로 생계를 유지해서는 안 됩니다.

이것도 비구가 지켜야 할 계율의 일부입니다.

또한 어떤 사문이나 바라문들은 사람들이 믿음에서 보시한 음식을 먹으면서도 다음과 같은 저속한 기술에 의한 그릇된 수단으로 생계를 유지하고 있습니다.

다시 말하면 결혼하기 적당한 길일을 정하는 일, 화목, 이별, 꿔준 돈을 받는 일, 돈을 벌기 위한 길일을 정한다든가 주술에 의해 행운이나 불행을 가져오게 하는 일, 낙태하기 위한 주술, 혀를 굳혀서 말 못하게 하는 주술, 턱을 붙들어 매어서 침묵하게 하는 주술, 양손을 주먹쥐게 하거나 듣지 못하게 하는 주술, 거울에 물어서 답을 얻는 주술, 어린 소녀에게 물어 답을 얻는 주술, 무당을 통해 신의 계시를 얻는 일, 태양숭배, 입에서 불을 내뿜는 일, 행운의 여신(吉祥天)[30]에게 기원하는 일과 같은 것입니다.

이같은 저속한 기술에 의한 그릇된 수단으로 생계를 유지해서는 안 됩니다.

이것도 비구가 지켜야 할 계율의 일부입니다.

또한 어떤 존경할 만한 사문이나 바라문들은 사람들이 믿음에서 보시하는 음식을 먹으면서도 다음과 같은 저속한 기술에 의한 그릇된 수단으로 생계를 유지하고 있습니다.

다시 말하면 신에게 기원하는 일, 기원을 푸는 일, 초가집에서 주문을 외우는 일, 정력을 왕성하게 하거나 감퇴하게 하는 일, 집터의 운세를 점치는 일, 부지를 깨끗하게 하는 공물을 바치는 일, 양치질하는 일, 목욕이나 공희, 구토, 설사, 토하거나 배변케 하는 일, 두통을 낫게 하려고 약을 지어 투여하는 일, 귀에 기름을 바르는 일, 눈이나 코의 치료, 수술, 어린이 치료, 약의 조제 및 해독법과 같은 것입니다.

이와 같은 저속한 기술에 의한 그릇된 수단으로 생계를 유지해서는 안 됩니다.

이것도 비구가 지켜야 할 계율의 일부입니다.

대왕이여! 만일 그 비구가 이와 같이 계율을 자신의 것으로 삼게 되면 어떠한 것으로부터도 두려움을 갖지 않게 됩니다.

예를 들면 크샤트리야가 관정즉위(灌頂卽位)[31]로서 그 적을 다스리고 있을 때에 무엇으로부터도 두려움을 느끼지 않나니, 즉 그 두려움이라는 것은 적이 있는 까닭에 생기는 것입니다. 그와 마찬가지로 비구가 계율을 자신의 것으로 삼으면 어떠한 것으로부터도 두려움을 갖지 않게 됩니다.

이 숭고한 계율의 조항들을 자신의 것으로 삼기 때문에 마음깊이 티끌하나 없는 깨끗한 평온을 느낍니다.

대왕이여! 이와 같이 비구는 계율을 자신의 것으로 합니다.

감각기관의 문을 보호하라

또한 대왕이여! 비구는 어떻게 감각기관의 문을 보호해야 하는 것일까요?

비구는 눈으로 형체를 보아도 외적인 특징에 이끌리는 일도 없고, 그 세세한 특징에 이끌리는 일도 없습니다.

그가 눈이라는 감각기관을 다스리지 않고 생활할 때 탐욕과 근심과 사악함과 부정한 상태가 그에게 일어나게 되므로 그 감각기관을 다스리고자 합니다. 눈이라는 감각기관을 보호하고 그 감각기관에 제어를 미치는 것입니다.

귀로 소리를 들을 때도 마찬가지이며 코로 냄새맡을 때도 그러합니다. 혀로 맛볼 때도 그러하며 몸으로 느낄 때도 마찬가지입니다. 의지로 대상을 인식할 때에도 외적인 특징에 이끌리는 일이 없고 그 세세한 특징에 이끌리는 일도 없습니다.

그가 의지라고 하는 감각기관을 다스리지 않고 생활할 때 탐욕과 근심과 사악함과 부정한 상태가 그에게 일어나게 되므로 그 감각기관을 다스리고자 합니다. 의지라는 감각기관을 보호하고 그 감각기관에 제어를 미치는 것입니다. 이 숭고한 감각기관의 제어를 이루어 마음깊이 티끌하나 없는 깨끗한 평온을 느끼는 것입니다.

대왕이여! 이와 같이 비구는 감각기관의 문을 보호합니다.

주의깊게 생각하고 충분히 생각하며 만족하게 지낸다

또한 대왕이여! 비구는 어떻게 주의깊게 생각하고 충분히 생각하는 것일까요?

비구는 앞으로 나아가거나 뒤로 물러섬을 충분히 깊게 생각하여 행하고 앞뒤를 보는 데에 충분히 주의깊게 생각하여 행하고, 손발을 움직일 때에나 옷과 발우를 지닐 때, 먹거나 마시거나 음식을 씹거나 맛볼 때에도 충분히 주의깊게 생각하여 행합니다.

뿐만 아니라 대소변을 볼 때나 걷거나 서거나 앉거나 눕거나 깨어있을 때나 말할 때나 침묵할 때에도 충분히 주의 깊게 생각하여 행합니다.

대왕이여! 이와 같이 비구는 주의깊게 생각하고 충분히 생각해야 합니다.

또한 대왕이여! 비구는 어떻게 만족하며 지내야 하는 것일까요?

비구는 몸을 지탱할 만큼의 주어진 음식에 만족합니다. 어디를 가든지 이것을 몸에 지니고 가야 합니다.

예를 들면 날개 가진 새가 어디를 가든지 항상 날개를 가지고 날아가듯이 비구는 몸을 보호하는 옷과 목숨을 지탱할 만큼 주어진 음식에 만족하며 어디를 가더라도 가지고 가야 하는 것입니다.

대왕이여! 이와 같이 비구는 만족하는 것입니다.

다섯 가지의 덮개를 버리다

그렇게 숭고한 계율조항을 몸에 지니고 숭고한 감각기관의 다스림을 몸에 지니고 이 숭고한 만족을 자신의 것으로 하여 삼림이나 나무 아래, 산과 동굴, 암굴이나 묘지, 우거진 숲이나 노천, 볏단과 같은 사람들 눈에 띄지 않는 곳을 즐겨야 합니다.

그리고 탁발에서 돌아온 후에는 두 발을 맺고 몸을 똑바로 펴서 자신의 주의력을 예민하게 하여 앉아 있어야 합니다.

 세간의 탐욕을 버리고 탐욕이 없는 마음으로 지내며 탐욕으로부터 마음을 정화합니다.

 증오와 분노심을 버리고 적의없는 마음으로 지내며 생명있는 모든 것을 생각하며 사랑하는 마음으로 지내며 증오와 분노심으로부터 마음을 정화합니다.

 침울한 마음과 수면을 버리며 그 의식은 또렷하고 주의깊고 생각깊게 하여 침울한 마음과 수면으로부터 마음을 정화합니다.

 침착하지 못하며 애석해 하는 마음을 버리고 마음의 동요가 없이 지내며 내심 침착해서, 침착하지 못하고 애석해 하는 마음으로부터 마음을 정화합니다.

 의혹을 버리고 의혹을 이겨내어 지내며 올바른 가르침에 대해서 의혹을 품지 않으며 의혹으로부터 마음을 정화합니다.

 예를 들면 대왕이여! 어떤 남자가 돈을 꾸어서 장사를 시작하였는데 장사는 나날이 번창하여서 이윽고 꾼 돈을 다 갚고도 돈이 남아 아내를 부양할 수 있게 되었다고 합시다.

 그는 이렇게 생각할 것입니다.

 '나는 일찍이 돈을 꾸어서 장사를 시작하였는데 장사는 나날이 번창하여 꾼 돈을 다 갚고도 돈이 남아 아내를 부양할 수 있게 되었다.'

이리하여 이 사람은 기쁨과 마음의 평온을 얻게 됩니다.

또한 예를 들면 어떤 남자가 병에 걸려 고통받으며 중태에 빠졌는데 이윽고 병이 서서히 회복되어 체력을 되찾고 입맛도 되찾았다고 합시다.

그는 이렇게 생각할 것입니다.

'나는 일찍이 병들어 고생하다가 이제는 병이 나아 입맛도 되찾고 체력도 회복하였다.'

이리하여 이 사람은 기쁨과 마음의 평온을 얻게 됩니다.

또한 예를 들면 감옥에 갇혀 있던 남자가 마침내 풀려 나왔으며, 재산은 하나도 몰수되지 않아 손해를 보지 않았다고 합시다.

그는 이렇게 생각할 것입니다.

'나는 일찍이 감옥에 갇혀 있었는데 이제는 무사히 석방되었다. 게다가 재산도 잃지 않았다.'

이리하여 이 사람은 기쁨과 마음의 평온을 얻게 됩니다.

또한 예를 들면 어떤 남자가 노예의 신분이어서 독립하지 못하고 타인에게 예속되어 자기가 가고자 하는 장소에는 어디에도 가지 못하는 신세라고 합시다.

그는 이윽고 그 노예신분에서 벗어나 독립하고 타인의 예속을 벗어났으며, 제 원하는 곳은 어디로든지 갈 수 있게 되었다고 합시다.

그는 이렇게 생각할 것입니다.

'나는 일찍이 노예로 지내면서 자유가 없다가 이제는 독

립하여 타인의 예속을 벗어났고 내가 원하는 곳이라면 아무 곳으로도 갈 수 있게 되었다.'

이리하여 이 사람은 기쁨과 마음의 평온을 얻게 됩니다.

또한 대왕이여! 예를 들면 돈이 많고 부유한 어떤 남자가 먹을 것 하나없고 위험천만인 황야로 들어가게 되었다고 합시다.

그는 이윽고 그 황야를 빠져나와 평화롭고 안전한 마을 변두리에 무사하게 도착할 수 있었다고 합시다.

그는 이렇게 생각할 것입니다.

'나는 예전에는 돈과 재산이 많았는데 어쩌다 먹을 것도 하나없고 위험하기 짝이 없는 황야에 발을 들여놓게 되었다. 그러나 지금은 그 황야에서 탈출해서 평화롭고 안전한 마을 변두리에 무사히 도착했다.'

이리하여 그 사람은 기쁨과 마음의 평온을 얻게 됩니다.

대왕이여! 마치 사람이 돈을 빌리거나, 병들거나, 옥에 갇히거나, 노예신분이거나, 황야에 발을 들여놓듯이 비구는 마음 속에 다섯 가지 덮개[五蓋]가 버려지지 않고 그로부터 떠나지 않음을 보는 것입니다.

또한 대왕이여! 빌린 돈이 없는 것, 병 없는 것, 속박에서 풀려난 것, 노예신분의 해방, 그리고 평온한 장소를 발견하는 것처럼 비구는 마음 속에 그 다섯 가지 덮개가 버려지고 그로부터 떠났음을 보는 것입니다.

선정의 제1단계

그 다섯 가지 덮개를 버리고 떠났다는 사실을 깨달은 사람에게는 흡족한 기분이 일어나며 흡족함을 느끼고 있는 사람에게는 기쁨이 생깁니다.

마음에 기쁨을 가진 사람은 몸이 고요해지며, 고요한 몸을 가진 사람은 즐거움을 경험하고 즐거움을 안 사람은 그 마음이 한 곳에 몰두하게 됩니다.

비구는 욕망을 떠나고 사악한 성격을 떠나 거친 생각과 세밀한 생각을 동반한, 떠남에서 생기는 기쁨과 즐거움에 의해 그 몸이 만족해지고 적셔지며 뿌듯해지고 충만되어져 신체 어느 부분이라도 떠남에서 생긴 기쁨과 즐거움이 깊이 배어들지 않는 곳은 한 군데도 없게 됩니다.

예를 들면 대왕이여! 숙련된 이발사나 견습공이 그릇에 가루비누를 털어넣고 물을 조금씩 넣으면서 개면 그 비누덩어리는 기름성분의 액체를 머금고 그 액으로 스며들어 안팎 모두 그 액이 배어듭니다.

그러나 흘러내리는 것은 없습니다. 바로 그것처럼 비구는 떠남으로부터 생기는 기쁨과 즐거움에 의해 그 몸이 만족해지고 적셔지며 뿌듯해지고 충만되어져 신체 어느 부분이라도 떠남에서 생긴 기쁨과 즐거움이 깊이 배어들지 않는 곳은 한 군데도 없는 것입니다.

아함경

이것도 또한 눈으로 볼 수 있는 사문의 과보이며 앞서 말한 눈으로 볼 수 있는 사문의 과보보다도 더욱 훌륭하며 더욱 뛰어난 것입니다.

선정의 제 2단계

대왕이여! 나아가 거친 생각과 세밀한 생각을 자제한 까닭에 마음이 고요해지며 마음을 집중해서 거친 생각과 세밀한 생각을 동반하지 않은, 마음의 오롯한 몰두에서 생긴 기쁨과 즐거움으로 그 몸이 만족해지고 적셔지며 뿌듯해지고 충만되어져 신체 어느 부분이라도 마음의 오롯한 몰두에서 생긴 기쁨과 즐거움이 배어들지 않은 곳은 한 군데도 없습니다.

예를 들면 대왕이여! 물이 솟아나는 어떤 호수가 있는데 그 호수에는 동서남북 어느 쪽으로도 흘러드는 물줄기가 없으며 하늘에서 비가 내린 적도 없다고 합시다.

그렇지만 차가운 물이 그 호수에서 솟아나 호수를 가득 채우고 넘쳐흐를 듯 충만해 있다고 합시다.

이 호수는 어느 부분이라도 차가운 물이 스며들지 않은 곳이 없을 것입니다. 바로 그것처럼 비구는 마음의 오롯한 몰두에서 생긴 기쁨과 즐거움에 의해 그 몸이 만족해지고 적셔지며 뿌듯해지고 충만되어져 신체 어느 부분이라도 마

출가의 공덕

음의 오롯한 몰두에서 생긴 기쁨과 즐거움이 깊이 배어들지 않은 곳은 한 군데도 없는 것입니다.
　이것도 또한 눈으로 볼 수 있는 사문의 과보이며 앞서 말한 사문의 과보보다도 더욱 훌륭하며 뛰어난 것입니다.

선정의 제3단계

　대왕이여! 나아가 또한 비구는 기쁨을 떠남으로부터 담담해져서 지내며 충분하고 깊이 생각하여 몸으로 즐거움을 경험하는데 이것을 모든 성현은 '깊이 생각하고 담담한 사람은 즐거움에 머무는 사람이다'라고 설합니다. 이러한 선정의 제3단계에 도달하여 지냅니다.
　비구는 기쁨이 없는 즐거움에 의해 그 몸이 만족해지고 적셔지며 뿌듯해지고 충만되어져 신체 어느 부분이라도 기쁨이 없는 즐거움이 깊이 배어들지 않은 곳은 한 군데도 없습니다.
　예를 들면 대왕이여! 연못에 파란 연꽃과 붉은 연꽃, 흰 연꽃이 물 속에서 자라나는데 물 밖으로는 나오지 않고 완전히 물에 잠겨서 무성하게 자라고 있습니다. 그 연꽃의 제일 꼭대기부터 뿌리 끝까지 차가운 물이 닿고 그 물에 적셔지며 물에 가득 채워져 모든 연꽃이 물에 적셔지지 않은 부분은 한 군데도 없습니다.

바로 이와 같이 비구는 기쁨이 없는 즐거움에 의해 그 몸이 만족해지고 적셔지며 뿌듯해지고 충만되어져 신체 어느 부분이라도 기쁨이 없는 즐거움이 깊이 배어들지 않은 곳은 한 군데도 없는 것입니다.
 이것도 또한 눈으로 볼 수 있는 사문의 과보이며, 앞서 말한 눈으로 볼 수 있는 사문의 과보보다도 더욱 훌륭하며 뛰어난 것입니다.

선정의 제4단계

 나아가 대왕이여! 비구는 즐거움도 버리고 괴로움도 버림으로써, 또한 이미 기쁨과 슬픔을 멸함으로써, 괴로움도 없고 즐거움도 없는 담담함과 충분한 생각에 의한 마음의 청정이라고 하는 선정의 제4단계에 도달하여 지냅니다.
 비구는 청정하고 순수한 마음으로 그 몸을 충족시켜서 앉는데 몸의 어느 부분이라도 청정하고 순수한 마음이 깊이 배어들지 않은 곳이 없습니다.
 예를 들면 사람이 하얀 천을 머리 끝까지 쓰고 앉아 있으면 그 사람의 몸은 하얀 천으로 가려지지 않은 곳이란 한 군데도 없게 됩니다.
 바로 이와 같이 대왕이여! 비구는 청정하고 순수한 마음으로 그 몸을 충족시켜서 앉으며 몸의 어느 부분이라도 청정하고 순수한 마음이 깊이 배어들지 않은 곳이란 없는 것입니다.

이것도 또한 눈으로 볼 수 있는 사문의 과보이며, 앞서 말한 눈으로 볼 수 있는 사문의 과보보다도 더욱 훌륭하며 더욱 뛰어난 것입니다.

지식에 의한 통찰

이렇게 마음이 통일되고 청정무구하고 순수해지며 부드러워지고 활동적이고 확고하며 쉽게 흔들리지 않을 때 그는 그 마음을 지식에 의한 통찰에 기울입니다.

그래서 그는 이렇게 깨닫습니다.

'나의 이 몸은 형체가 있으며 땅, 물, 불, 바람의 네 가지 요소로 이루어졌고, 부모에게서 태어났으며 쌀과 우유로 자라나 변하기 쉽고, 부식되거나 마모되며 파손되고 무너지는 성질로 이루어졌다. 또한 나의 의식은 여기에 의존하여 이어지고 있는 것이다.'

예를 들면 대왕이여! 유리(瑠璃)는 빛이 나고 질이 좋은 팔면체로서 잘 닦여져 투명하고 순수무구하며 온갖 뛰어난 성질을 갖추고 있습니다.

거기에 파란색이나 노란색, 빨간색, 흰색 또는 주황색의 실이 꿰어진다면 밝은 눈[慧眼]을 가진 사람이 그것을 보고 이렇게 생각할 것입니다.

'이것은 유리인데 빛이 나고 질이 좋은 팔면체이다. 여기에 파란색이나 노란색, 빨간색, 흰색 또는 주황색의 실이 꿰어져 있다.'

이와 마찬가지로 비구는 이렇게 마음이 통일되고 청정무구하고 순수해지며 부드러워지고 활동적이고 확고하며 쉽게 흔들리지 않을 때 그는 그 마음을 지식에 의한 통찰에 기울입니다.

이것도 또한 눈으로 볼 수 있는 사문의 과보이며 앞서 말한 눈으로 볼 수 있는 과보보다도 더욱 훌륭하고 더욱 뛰어난 것입니다.

의지의 작용에 의해 다른 몸을 만들어 냄

이와 같이 마음이 통일되고 청정무구하고 확고하며 쉽게 흔들리지 않을 때 그는 의지의 작용에 따라 몸을 만들어 내는 데에 마음을 기울입니다.

그는 이 몸으로부터 형체있는 의지로 이루어진, 길고 짧은 모든 사지를 갖추어 결함이 한 군데도 없는 감각기관을 수반한 다른 몸을 만들어 냅니다.

예를 들면 대왕이여! 어떤 사람이 한 포기 문쟈풀에서 줄기를 뽑아내며 이렇게 생각합니다.

'이것은 문쟈풀이고 이것은 줄기이다. 문쟈풀과 줄기는 다른 것이지만 줄기는 문쟈풀에서 뽑혀진 것이다.'

또 예를 들면 어떤 사람이 칼집에서 칼을 뽑아들고 이렇게 생각한다고 합시다.

'이것은 칼이고 이것은 칼집이다. 칼과 칼집은 다른 것이지만 칼은 칼집에서 뽑혀진 것이다.'

또다른 예를 들자면 어떤 사람이 뱀을 허물에서 벗겨내고 이렇게 생각한다고 합시다.

'이것은 뱀이고 이것은 허물이다. 뱀과 허물은 다른 것이지만 뱀은 허물에서 나온 것이다.'

그와 마찬가지로 대왕이여! 비구는 이렇게 마음이 통일되고 청정무구하고 순수해지며 부드러워지고 활동적이고 확고하며 쉽게 흔들리지 않을 때 그는 의지의 작용에 따라 몸을 만들어내는 데에 마음을 기울입니다.

이것도 또한 눈으로 볼 수 있는 사문의 과보이며 앞서 말한 눈으로 볼 수 있는 사문의 과보보다도 더욱 훌륭하고 더욱 뛰어난 것입니다.

초인적인 신통력

이렇게 마음이 통일되고 청정무구하고 순수해지며 부드러워지고 활동적이고 확고하며 쉽게 흔들리지 않을 때, 그는 초인적인 신통력에 마음을 기울입니다.

그리고 그는 갖가지 초인적인 신통력을 체득합니다.

다시 말하면 한 사람이면서 여러 사람이 되고 여러 사람이면서 한 사람이 되며 흡사 공중에 있는 양, 나타났다 사라지며 벽을 뚫고 울타리를 뚫으며 산을 뛰어넘어 어디에도 의지하지 않고 다닙니다.

또 흡사 물 속에 있는 양, 땅 위로도 출몰하고 또 흡사 대지 위에 있는 양, 물 위를 파문일지 않게 걸어다니며 또 흡사 날개 가진 새인 양, 공중에서 결가부좌한 채 날아다닙니다.

그리고 위대하고 엄숙한 태양이나 달에 손을 뻗쳐 느낌을 받고 범천계에 이르기까지 합니다.

예를 들면 대왕이여! 숙련된 도공이나 그 견습공이 잘 이긴 흙으로 제가 원하는 도자기를 어떠한 형태로도 척척 만들어낸다고 합시다.

또 예를 들면 숙련된 상아세공인이나 그 견습공이 잘 갈려진 상아로 자기가 원하는 상아제품을 척척 만들어낸다고 합시다.

또다른 예를 들자면 숙련된 금세공인이나 그 견습공이 잘 세공된 금으로 자기가 원하는 제품을 무엇이나 척척 만들어낸다고 합시다.

그와 마찬가지로 비구는 이렇게 마음이 통일되고 청정무구하고 순수해지며 부드러워지고 활동적이고 확고하며 쉽

출가의 공덕

게 흔들리지 않을 때 그는 초인적인 신통력에 마음을 기울입니다.

이것도 또한 눈으로 볼 수 있는 사문의 과보이며 앞서 말한 눈으로 볼 수 있는 사문의 과보보다도 더욱 훌륭하고 더욱 뛰어난 것입니다.

하늘의 귀

이렇게 마음이 통일되고 청정무구하고 순수해지며 부드러워지고 활동적이고 확고하며 쉽게 흔들리지 않을 때 그는 깨끗하고 초인적인 하늘의 귀로써 하늘과 인간의 소리를 멀리서나 가까이서나 모두 들을 수 있게 됩니다.

예를 들면 대왕이여! 사람이 큰 길을 지나가고 있을 때 큰 북소리나 작은 북소리, 소라고둥소리나 심벌즈소리 등을 듣는다고 합시다.

그때 그는 이렇게 생각할 것입니다.

'이 소리는 큰 북소리다', '이 소리는 작은 북소리다', '이 소리는 소라고둥소리이고 심벌즈소리이고 그 외 다른 악기 소리이다.'

그와 마찬가지로 대왕이여! 비구는 이렇게 마음이 통일되고 청정무구하고 순수해지며 부드러워지고 활동적이고 확고하며 쉽게 흔들리지 않을 때 하늘의 귀에 마음을 기울여 멀리서나 가까이서나 하늘과 인간의 소리를 들을 수 있게 되는 것입니다.
 이것도 또한 눈으로 볼 수 있는 사문의 과보이며 앞서 말한 눈으로 볼 수 있는 사문의 과보보다도 더욱 훌륭하고 더욱 뛰어난 것입니다.

다른 사람의 마음을 아는 힘

 이렇게 마음이 통일되고 청정무구하고 순수해지며 부드러워지고 활동적이고 확고하며 쉽게 흔들리지 않을 때 그는 다른 사람의 마음가짐에 마음을 기울이게 됩니다.
 그는 여느 중생이나 다른 사람들의 마음을 자기 마음으로 완전하게 포착하여 알게 됩니다.
 다시 말하면

 욕망있는 마음을 욕망있는 마음이라고 분별한다.
 욕망을 떠난 마음을 욕망을 떠난 마음이라고 분별한다.
 성내고 있는 마음을 성내고 있는 마음이라고 분별한다.
 분노를 떠난 마음을 분노를 떠난 마음이라고 분별한다.
 어리석은 마음을 어리석은 마음이라고 분별한다.
 어리석음을 떠난 마음을 어리석음을 떠난 마음이라고 분별한다.

집중하고 있는 마음을 집중하고 있는 마음이라고 분별한다.

산만한 마음을 산만한 마음이라고 분별한다.

넓은 마음을 넓은 마음이라고 분별한다.

좁은 마음을 좁은 마음이라고 분별한다.

열등한 마음을 열등한 마음이라고 분별한다.

뛰어난 마음을 뛰어난 마음이라고 분별한다.

담담한 마음을 담담한 마음이라고 분별한다.

담담하지 않은 마음을 담담하지 않은 마음이라고 분별한다.

해탈한 마음을 해탈한 마음이라고 분별한다.

해탈하지 않은 마음을 해탈하지 않은 마음이라고 분별한다.

예를 들면 대왕이여! 젊고 멋진 남녀가 맑고 깨끗한 거울이나 맑은 물을 가득 채운 그릇에 비치고 있는 자기 얼굴을 주의해서 바라보며 얼굴에 점이 있으면 점이 있다고 알고, 점이 없으면 점이 없다고 아는 것과 같습니다.

그와 마찬가지로 비구는 이렇게 마음이 통일되고 청정무구하고 순수해지며 부드러워지고 활동적이고 확고하며 쉽게 흔들리지 않을 때, 다른 중생이나 사람들의 마음을 자기 마음으로 완전하게 포착하여 알게 되는 것입니다.

이것도 또한 눈으로 볼 수 있는 사문의 과보이며, 앞서 말한 눈으로 볼 수 있는 사문의 과보보다도 더욱 훌륭하고 더욱 뛰어난 것입니다.

자신과 타인의 과거생을 기억하는 힘

 이렇게 마음이 통일되고 청정무구하고 순수해지며 부드러워지고 활동적이고 확고하며 쉽게 흔들리지 않을 때 그는 과거생의 모습을 기억하여 아는 데에 마음을 기울입니다. 그는 갖가지 과거생의 모습을 기억해냅니다.
 다시 말하면 한 번의 생, 두 번의 생, 내지 백 번, 천 번, 십만 번도 더 되는 생의 세계의 생성기와 붕괴기, 생성과 붕괴의 교체기를 기억해냅니다.
 '저 세계에서 나는 이러이러한 이름이었고, 이러이러한 가문에 이러이러한 계급이었으며, 이러이러한 음식을 먹었고 이러이러한 괴로움과 즐거움을 경험했고 수명은 이러이러했다. 그곳에서 죽어서 나는 다른 곳에 태어났다. 다른 곳에서 나의 이름은 이러이러했고 다시 이곳에 태어났다'라는 식으로 구체적이고 자세하게 과거생의 갖가지 모습들을 기억해냅니다.
 예를 들면 대왕이여! 어떤 남자가 자기 마을을 떠나 다른 마을로 갔고 그 곳에서 또다른 마을로 갔다가 다시 본래의 자기 마을로 돌아왔다고 합시다.

그는 이렇게 생각할 것입니다.
'나는 나의 마을을 떠나 저쪽 마을로 갔다. 그곳에서 나는 이런 모습으로 서 있었고 이런 모습으로 앉고 말하고 침묵했다. 그 마을에서 또다른 마을로 갔다. 그곳에서도 나는 이런 모습으로 서 있었고 이런 모습으로 앉고 말하고 침묵했다. 그리고 그 마을에서 다시 나의 마을로 돌아왔던 것이다.'

대왕이여! 그와 마찬가지로 비구는 이렇게 마음이 통일되고 청정무구하고 순수해지며 부드러워지고 활동적이고 확고하며 쉽게 흔들리지 않을 때 갖가지 과거생의 모습을 기억해내는 것입니다.

이것도 또한 눈으로 볼 수 있는 사문의 과보이며, 앞서 말한 눈으로 볼 수 있는 사문의 과보보다도 더욱 훌륭하고 더욱 뛰어난 것입니다.

중생의 생사를 앎

이렇게 마음이 통일되고 청정무구하고 순수해지며 부드러워지고 활동적이고 확고하며 쉽게 흔들리지 않을 때 그는 중생의 생사를 아는 데에 마음을 기울입니다.

그는 티끌 하나 없는 초인적인 하늘의 눈〔天眼〕으로 중생의 생사, 뛰어나고 천함, 아름답고 추함, 행복과 불행을 보며 중생이 업에 따라 그 갚음을 받고 있다고 압니다.

다시 말하면 '실로 어진 이들이여! 이 중생은 몸과 입과 뜻에 의한 악한 일을 저질러 고매한 사람을 모욕하고 그릇된 견해를 품었으며 그릇된 생각으로 인해 생긴 업을 받는다. 그들은 죽어서 상실의 세계, 고난의 세계, 파멸의 세계 그리고 지옥에 또다시 태어난다.

또는 어진 이들이여! 어떤 중생은 몸과 입과 뜻에 의한 착한 일을 하며 고매한 사람을 모욕하지 않고 바른 견해를 품었으며 바른 생각으로 인해 생긴 업을 받는다. 그래서 그는 죽은 뒤에 지극한 복을 누리는 하늘에 다시 태어난다'라고 압니다.

이렇게 티끌 하나 없는 초인적인 하늘의 눈으로 중생의 생사 내지 행복과 불행을 보며 중생이 업에 따라 그 갚음을 받고 있음을 압니다.

예를 들면 대왕이여! 네거리 중앙에 난간이 달린 이층집이 있는데 그 난간에 어떤 사람이 서서 사람들이 출입하는 모습이며, 도로와 인도를 오가는 모습, 네거리 가운데에 앉아 있거나 하는 모습을 보고 있다고 합시다.

그때 그는 이렇게 생각할 것입니다.

'이런 사람들은 집으로 들어가고 이런 사람들은 집 밖으로 나오며 도로와 인도를 오가는 사람도 있고 네거리 가운데에 앉아 있는 사람들도 있다.'

그와 마찬가지로 비구는 이렇게 마음이 통일되고 청정무구하고 순수해지며 부드러워지고 활동적이고 확고하며 쉽게 흔들리지 않을 때 중생의 생사를 아는 데에 마음을 기울입니다.

  그래서 그는 티끌 하나 없는 초인적인 하늘의 눈으로 중생의 생사 내지 행복과 불행을 보며 중생이 업에 따라 그 갚음을 받고 있음을 아는 것입니다.

  이것도 또한 눈으로 볼 수 있는 사문의 과보이며 앞서 말한 눈으로 볼 수 있는 사문의 과보보다도 더욱 훌륭하고 뛰어난 것입니다.

더러움이 흐르는 번뇌의 소멸에 대한 앎

  이렇게 마음이 통일되고 청정무구하고 순수해지며 부드러워지고 활동적이며 확고하며 쉽게 흔들리지 않을 때 그는 더러움이 흐르는 번뇌[漏]32)를 소멸하는 앎에 마음을 기울입니다.

  그는 '이것은 괴로움이다'라고 참다이 알고, '이것은 괴로움의 모임이다'라고 참다이 알고 '이것은 괴로움의 소멸이다'라고 참다이 알고 '이것은 괴로움의 소멸에 이르는 길이다'라고 참다이 압니다.

  '이것은 더러움이 흐르는 번뇌이다'라고 참다이 알고, '이것은 번뇌의 모임이다'라고 참다이 알고 '이것은 번뇌의 소멸이다'라고 참다이 알고 '이것은 번뇌의 소멸에 이르는 길이다'라고 참다이 아는 것입니다.

 이렇게 알고 이렇게 볼 때 그의 마음은 욕계(欲界)의 번뇌로부터 자유롭게 되고 하늘의 번뇌로부터도 자유롭게 되며, 앞서 말한 네 가지 성스러운 진리에 대한 무지에서 오는 번뇌로부터도 자유롭게 되어 '마음이 자유로워졌을 때 해탈한다'라는 앎이 생기고 삶의 의미는 완성되었다. 깨끗한 수행의 성취로 할 일을 마쳤다. 더 이상 괴로움에 빠지지 않으리라'라고 아는 것입니다.

 예를 들면 대왕이여! 산 정상에 투명하고 티끌 하나 없는 호수가 있는 데 어떤 눈밝은 사람이 호숫가에 서서 굴이나 조개류, 자갈이나 물고기떼들이 움직이거나 멈춰서 있는 모습을 본다고 합시다.

 그는 이렇게 생각할 것입니다.

 '이 호수는 참으로 투명하고 티끌 하나 없다. 이곳에 이들 굴이나 조개류, 자갈이나 물고기떼들이 움직이기도 하고 꼼짝않고 가만 서 있기도 한다.'

 그와 마찬가지로 비구는 이렇게 마음이 통일되고 청정무구하고 순수해지며 부드러워지고 활동적이고 확고하며 쉽게 흔들리지 않을 때 더러움이 흐르는 번뇌를 소멸하는 앎에 마음을 기울이는 것입니다.

 그리하여 그의 마음은 욕계와 천계의 번뇌로부터 자유로워지고 무지에서 오는 번뇌로부터도 자유롭게 되어 '마음이 자유로워졌을 때 해탈한다'라는 앎이 생기고 '삶의 의미는

출가의 공덕

완성되었다. 깨끗한 수행의 성취로 할 일을 마쳤다. 더 이상 괴로움이 빠지지 않으리라'라고 아는 것입니다.

이것도 또한 눈으로 볼 수 있는 사문의 과보이며 앞서 말한 눈으로 볼 수 있는 사문의 과보보다도 더욱 훌륭하고 더욱 뛰어난 것입니다.

대왕이여! 눈으로 볼 수 있는 이같은 사문의 과보보다도 더 훌륭하고 뛰어난, 눈으로 볼 수 있는 사문의 과보는 달리 존재하지 않습니다."

아쟈타삿투왕의 귀의와 뉘우침

이렇게 세존께서 설하셨을 때 마가다국왕이며 베데히부인의 아들인 아쟈타삿투는 다음과 같이 세존께 말씀드렸다.

"존귀하신 님이여! 훌륭하옵니다. 참으로 훌륭하옵니다, 존귀하신 님이여!

마치 넘어진 자를 일으켜 세우고 숨겨져 있던 것을 드러내며 길잃은 사람에게 길을 가리키고, 사물을 분간하도록 어둠 속에서 등불을 내거는 것과도 같이 세존께서는 많은 방법으로 진실한 길을 가리키셨습니다.

존귀하신 님이시여! 저는 세존께 귀의하고 가르침에 귀의하고 승단에 귀의합니다. 오늘부터 목숨이 다하는 날까지 세존께서는 저를 재가신자(우바새)로 거두어주소서.

존귀하신 님이시여! 저는 어리석고 그릇되게도 죄를 짓고 말았습니다. 왕권을 얻기 위해 인자한 아버지이며 어질고 올바른 국왕이었던 사람[33]의 목숨을 빼앗있습니다.

존귀하신 님이시여! 앞으로 제가 자기억제를 실행할 수 있도록 세존께서는 저의 죄를 벗겨주소서!"

"대왕이여! 그대가 부왕을 살해한 일은 참으로 어리석고 그릇된 일이었소. 그러나 그대가 죄를 고백하고 가르침대로 참회한다면 나는 그대를 용서하겠소. 사람이 죄를 고백하고 가르침대로 참회하여 장차 자기억제를 실천한다면 그것은 성현의 계율에 영광을 가져오기 때문이오."

세존께서 이렇게 말씀하시자 마가다국왕이며 베데히부인의 아들인 아쟈타삿투왕은 말했다.

"세존이시여! 이제 돌아가고자 합니다. 나랏일이 바쁘고 해야할 일이 많기 때문입니다."

"대왕이여! 그대의 생각대로 하시오."

그러자 아쟈타삿투왕은 세존의 말씀에 기뻐하고 즐거워 하면서 자리에서 일어나 세존께 경례하고 오른쪽으로 돌고 나서 떠나갔다.

아쟈타삿투왕이 떠나가자 마자 세존께서 비구들을 불러 모으셨다.

"비구들이여! 저 왕은 마음속 깊이 느끼고 있다. 저 왕은 참회하고 있다. 만약 왕이 인자한 아버지이며 어진 국왕이었던 사람을 살해하지만 않았어도 바로 이 자리에서 진리를 꿰뚫는 티끌 하나 없는 깨끗한 법의 눈이 그에게 생겼을 것이다."
　이렇게 세존께서 말씀하셨다.
　비구들은 세존의 말씀을 기뻐하며 받들어 행하였다.

10. 두려움에 대한 초월
(怖駭經)

10. 두려움에 대한 초월
(怖布駭經)

쟈눗소니의 질문

이와 같이 나는 들었다.

어느 때 세존께서는 쉬라바스티에 있는 기원정사에 머무시고 계셨다.

그때 바라문인 쟈눗소니가 세존 계신 곳으로 다가와 절을 하였다.

서로 정중하고 다정하게 인사를 주고 받은 뒤 한쪽으로 물러나 앉은 쟈눗소니는 세존께 이와 같이 여쭈었다.

"존경하는 고타마시여! 훌륭한 가문의 자식들은 존경하는 고타마에 대한 믿음에서 집을 떠나 집없는 생활에 들어갔습니다. 존경하는 고타마는 그들의 지도자이시며 구원자이시고 스승이십니다. 그리고 그 사람들은 존경하는 고타마의 지견(知見)을 따르고 있습니다."

"바라문이여! 그렇습니다. 그대의 말과 같습니다. 바라문이여! 그 훌륭한 가문의 자식들은 나에 대한 믿음에서 집을 떠나 집없는 생활에 들어갔습니다. 나는 그들의 지도자이고 구원자이며 스승입니다. 그리고 그 사람들은 나의 지견을 따르고 있습니다."

"존경하는 고타마시여! 사람이 살고 있지 않는 숲속에서 고독하게 지낸다는 일은 성가신 일입니다. 한적하게 머무는 일이란 이루어지기 어렵고 홀로 지내는 것을 즐기기도 어렵습니다. 숲은 선정을 얻지 못한 비구의 마음을 빼앗아 버릴 것이라고 생각됩니다."

"바라문이여! 그렇습니다. 그대의 말과 같습니다. 바라문이여! 사람이 살고 있지 않는 숲속에서 고독하게 지낸다는 일은 성가신 일입니다. 한적하게 머무는 일이란 이루어지기 어렵고 홀로 지내는 것을 즐기기도 어렵습니다. 숲은 선정을 얻지 못한 비구의 마음을 빼앗아버릴 것이라고 생각됩니다.

바라문이여! 내가 바른 깨달음을 얻기 이전, 아직 보살이었을 때 그와 같이 생각하였습니다.

숲에서 지내는 방법

바라문이여! 그러자 내게는 또 이런 생각이 들었습니다.

'어떠한 사문이나 바라문이건 몸[身]의 행위와 입[口]의 행위, 뜻[意]의 행위와 생활태도를 완전히 깨끗하게 하지 않고서, 인적없는 숲속에서 고독한 생활을 하려 한다면, 그 사문이나 바라문들은 착하지 못한 두려움을 일으킬 것이다.

왜냐하면 몸의 행위와 입의 행위, 뜻의 행위와 생활태도가 깨끗하지 못한 흠이 있기 때문이다.

그러나 나는 그러한 흠을 지니고 숲에서 생활한 적은 없다. 나는 몸의 행위와 입의 행위, 뜻의 행위와 생활태도를 완전히 깨끗하게 하였다. 성자들은 실로 그와 같이 깨끗하게 숲속에서 고독한 생활을 하고 있으며 나는 그러한 사람들 가운데 한 사람이다.'

바라문이여! 나는 이처럼 몸의 행위와 입의 행위, 뜻의 행위와 생활태도가 완전히 깨끗해져 있음을 스스로 깨닫고 나아가 한층 숲에서의 생활에 자신을 얻었던 것입니다.

바라문이여! 그러자 내게 이런 생각이 또 들었습니다.

'어떠한 사문이나 바라문이건 탐욕을 일으키는 대상에 열렬히 집착하거나 분노가 담긴 불순한 생각을 품고서, 인적없는 숲속에서 고독한 생활을 하려 한다면, 그 사문이나 바라문들은 착하지 못한 두려움을 일으킬 것이다. 왜냐하면 탐욕을 일으키는 대상에 열렬히 집착한 흠이 있기 때문이며, 분노가 담긴 불순한 생각을 품은 흠이 있기 때문이다.

그러나 나는 그러한 흠을 지니고 숲에서 생활한 적이 없다. 나는 자비로운 마음을 갖고 있다. 성자들은 실로 그와 같이 탐욕을 떠나고 자비로운 마음을 지니면서 인적없는 숲속에서 고독한 생활을 하고 있으며 나는 그러한 사람들 가운데 한 사람이다.'

바라문이여! 나는 이처럼 탐욕을 떠났고 자비로운 마음을 지녔음을 스스로 깨닫고 나아가 한층 숲속에서의 생활에 자신을 얻었던 것입니다.

바라문이여! 그러자 내게 또 이런 생각이 들었습니다.

'어떠한 사문이나 바라문이건 마음이 침울하게 가라앉아 멍해 있거나 그와 반대로 마음이 들뜨고 소요해 있으면서 인적없는 숲속에서 고독한 생활을 하려 한다면, 그 사문이나 바라문들은 착하지 못한 두려움을 일으킬 것이다.

왜냐하면 마음이 침울하게 가라앉아 멍해 있는 흠이 있고, 또한 들뜨고 소요해 있는 흠이 있기 때문이다.

그러나 나는 그러한 흠을 지니고 숲에서 생활한 적이 없다. 나는 마음이 침울하게 가라앉아 멍해 있지 않다. 그리고 마음이 들뜨지 않고 고요해 있다.

성자들은 실로 그와 같이 마음의 침울함을 떠나고 고요한 마음으로 인적없는 숲속에서 고독한 생활을 하고 있으며 나는 그러한 사람들 가운데 한 사람이다.'

바라문이여! 나는 이처럼 마음의 침울함을 떠나 있으며 들뜨지 않고 고요해 있음을 스스로 깨닫고 나아가 한층 숲속에서의 생활에 자신을 얻었던 것입니다.

바라문이여! 그러자 나는 이러한 생각이 들었습니다.

'어떠한 사문이나 바라문이건 미혹하여 의심하면서, 그리고 겁내고 떨면서 인적없는 숲속에서 고독한 생활을 하려 한다면, 그 사문이나 바라문들은 착하지 못한 두려움을 일으킬 것이다.

왜냐하면 미혹하여 의심하는 흠이 있기 때문이며, 겁내는 어떤 흠이 있기 때문이다.

그러나 나는 그러한 흠을 지니고 숲속에서 생활한 적이 없다. 나는 의심을 뛰어넘어 있다. 나는 공포를 떠나 있다. 성자들은 실로 그와 같이 의심을 뛰어넘고 공포를 떠나서 인적없는 숲속에서 고독한 생활을 하고 있으며 나는 그러한 사람들 가운데 한 사람이다.'

바라문이여! 나는 이처럼 의심을 뛰어넘어 있으며 공포를 떠나 있음을 스스로 깨닫고 나아가 한층 숲속에서의 생활에 자신을 얻었던 것입니다.

바라문이여! 그러자 나는 이러한 생각이 들었습니다.

'어떠한 사문이나 바라문이건 스스로를 뽐내고 남을 멸시하면서, 그리고 이득과 존경과 명성을 구하려는 목적에서 인적없는 숲속에서 고독한 생활을 하려 한다면, 그 사문이나 바라문들은 착하지 못한 두려움을 일으킬 것이다.

왜냐하면 스스로를 뽐내고 남을 멸시한 흠이 있고 이득과 존경과 명성을 구하려던 흠이 있기 때문이다.

나는 그러한 흠을 지니고 숲속에서 생활한 적이 없다. 나는 욕심이 적다. 성자들은 실로 그와 같이 스스로를 뽐내거

두려움에 대한 초월

나 남을 멸시하지 않고 욕심이 적으면서 인적없는 숲속에서 고독한 생활을 하고 있으며 나는 그러한 사람들 가운데 한 사람이다.'

바라문이여! 나는 이처럼 남을 멸시하지 않고 욕심이 적음을 스스로 깨닫고 더 한층 숲속에서의 생활에 자신을 얻었던 것입니다.

바라문이여! 그러자 나는 이러한 생각이 들었습니다.

'어떠한 사문이나 바라문이건 게을러 정진하지 않으면서, 기억이 산만하여 신중함을 잃고서, 마음이 산란해 있으면서, 그리고 지혜가 깊지 못해 우둔한 채로 인적없는 숲속에서 고독한 생활을 하려 한다면, 그 사문이나 바라문들은 착하지 못한 두려움을 일으킬 것이다.

왜냐하면 게을러 정진하지 않은 흠이 있기 때문이요, 기억이 산만하여 신중함을 잃은 흠이 있기 때문이다. 또한 마음이 산란한 흠과 지혜가 깊지 못해 우둔한 흠이 있기 때문이다.

그러나 나는 그러한 흠을 지니고 숲속에서 생활한 적이 없다. 나는 정진하며 기억을 분명하게 갖고 있다. 나는 마음의 집중에 도달해 있으며 지혜를 갖추고 있다.

성자들은 실로 이와 같은 자세로 인적없는 숲속에서 고독한 생활을 하고 있으며 나는 그러한 사람들 가운데 한 사람이다.'

바라문이여! 나는 이처럼 정진하고 기억을 분명하게 갖고 있으며, 마음의 집중에 도달해 있고 지혜를 갖추고 있음을 스스로 깨닫고, 더 한층 숲속에서의 생활에 자신을 얻었던 것입니다.

공포를 몰아냄

바라문이여! 그리고 나는 이와 같이 생각하였습니다.
'자, 이제 나는 잘 알려진 특별한 밤에 동산이나 숲, 나무 아래에 있는 공동묘지 같은 으시으시하고 몸의 털이 쭈삣해질 정도로 음산한 곳에서 생활하며 그 두려움에 직접 부딪쳐 보기로 하자.'
바라문이여! 그리하여 나는 그 밤에 공동묘지 같은 음산한 곳에서 생활을 하였습니다.
내가 그 곳에서 지내고 있을 때 맹수가 찾아오기도 했고 바람이 낙엽더미를 이리저리 휩쓸고 다니기도 했습니다.
그때 내게 이런 생각이 들었습니다.
'바로 그 두려움이 찾아왔구나.'
바라문이여! 이어서 또 이런 생각이 들었습니다.
'내가 단지 그 두려움을 앉아서 기다리기만 해도 좋은 것일까? 내가 어떤 상태로 있어야 하며 또 그 두려움은 어떻게 다가오는지를 알아서 자연스럽게 있는 그대로의 상태에서 몰아내야 겠다.'

두려움에 대한 초월

바라문이여! 그런데 내가 걸어다니고 있을 때 그 두려움이 다가왔습니다. 그리하여 나는 걸어다니면서 그 두려움을 몰아낼 때까지는 멈춰서지도, 앉지도, 눕지도 않았습니다.

바라문이여! 내가 멈춰서 있을 때 그 두려움이 다가왔습니다. 그래서 나는 멈춰서 있는 그대로 그 두려움을 몰아낼 때까지는 걸어다니지도, 앉지도, 눕지도 않았습니다.

바라문이여! 내가 앉아 있을 때 그 두려움이 다가왔습니다. 그래서 나는 앉아 있는 그대로 그 두려움을 몰아낼 때까지는 걸어다니지도, 멈춰서 있지도, 눕지도 않았습니다.

바라문이여! 내가 누워 있을 때 그 두려움이 다가왔습니다. 그래서 나는 누운 채로 그 두려움을 몰아낼 때까지는 걸어다니지도, 멈춰서 있지도, 앉지도 않았습니다.

성품이 어리석지 않은 사람

바라문이여! 사문이나 바라문 중에는 '밤은 낮과 같다'라고 생각하거나 '낮은 밤과 같다'라고 생각하는 사람들이 있습니다.

나는 그러한 사문이나 바라문들은 어리석음에 빠져 있다고 말하고 싶습니다.

바라문이여! 나는 '밤은 밤과 같다'라고 생각하고 '낮은 낮과 같다'라고 생각합니다.

바라문이여! 무엇인가에 대해 정확히 말하려고 한다면 '어리석음이라는 성품이 없는 사람이 대중의 이익을 위해, 대중의 안락을 위해, 세계를 가엾이 여기며, 모든 신과 인간들의 행복을 위해, 이익을 위해, 안락을 위해 세상에 나타나셨다'라고 말해야 합니다.

그리고 나에 대해서도 정확히 말하려고 한다면 역시 그와 같이 말해야 합니다.

네 단계의 선정과 세 가지의 지혜

그런데 바라문이여! 나의 강건한 노력은 흔들림이 없었고 기억은 명료하여 어지럽지 않았으며 몸은 평안하여 격정에 휩쓸리지 않았고 마음은 고요하여 하나의 대상을 향하고 있습니다.

그래서 나는 욕망을 떠나고 착하지 않은 것을 떠나 거친 생각과 세밀한 생각을 행하면서 멀리 떠남으로부터 생기는 기쁨과 즐거움이 있는 선정의 제1단계〔初禪〕에 들어 지냈습니다.

거친 생각과 세밀한 생각이 멈춤으로써 속마음이 깨끗해지며 마음이 집중하여 거친 생각과 세밀한 생각이 없는, 마음의 선정에서 생기는 기쁨과 즐거움이 있는 선정의 제2단계〔二禪〕에 들어 지냈습니다.

기쁨을 떠남으로써 담담해지며 기억이 명료하고 주의깊으며 즐거움이 몸으로 느껴집니다. 다시 말하면 '담담하고 바른 기억이 있으며 즐겁게 노닌다'라고 성자들이 가르치는 선정의 제3단계〔三禪〕에 들어서 지냈습니다.

즐거움을 버리고 괴로움도 버림으로써 그때까지 지녔던 쾌감과 근심이 소멸하여 괴로움도 없고 즐거움도 없이, 담담한 마음과 바른 기억에 의해 완전히 깨끗해진 선정의 제4단계〔四禪〕에 들어서 지냈습니다.

나아가 이처럼 마음이 통일되어 청정하며 순수해지고 더러움에 물들지 않고 티끌도 없어지며 부드럽고 예민해지며 안정되어 흔들림이 없어지게 되자 나는 과거에 지내온 삶의 모습을 상기하는 지혜에 마음을 쏟았습니다.

무수하게 거쳐온 과거의 삶의 모습, 다시 말하면 하나의 생애, 둘, 셋… 나아가 십만 번의 생애와 무수한 세계 파괴기, 무수한 세계 생성기, 무수한 세계 파괴와 생성기에 걸쳐 '그곳에서 나는 이런 이름이었고, 이런 가문, 이런 계급이었으며, 이런 것을 먹었고 이러한 즐거움과 괴로움을 겪었고 수명은 이러했었다. 저 곳에서 목숨을 마치자 이곳에 태어났다'라고 상기했던 것입니다.

나는 이처럼 모든 상황을 아주 상세하게 기억해냈던 것입니다.

바라문이여! 이것이 밤으로 접어들 무렵 내가 도달한 첫번째 지혜였습니다. 게으르지 않고 노력하며 강한 의지로 지내고 있을 때 그러하듯이 어리석음이 사라지고 지혜가 생기며 암흑이 무너지고 빛이 일어났던 것입니다.

나아가 이처럼 마음이 선정에 잘 들어 청정히며 순수해지고 더러움에 물들지도 않고 티끌도 없어지며 부드럽고 예민해지며 안정되어 흔들림이 없어지게 되자 나는 중생들의 나고 죽는 모습을 아는 지혜에 마음을 쏟았습니다.

더없이 깨끗하고 초인적인 신통력을 지닌 눈으로 중생들이 천한 신분과 귀한 신분, 아름다운 모습과 흉한 모습, 행복한 생애와 불행한 생애를 지내다가 죽어서 또다시 태어나는 광경을 보고 '아! 이 사랑하는 중생들은 몸과 입과 뜻의 나쁜 행위를 일으켜 성자들을 모욕하고 그릇된 견해들을 품고 그 견해에 근거한 행위를 하여 몸뚱이가 부서져 죽은 후에 파멸의 세계이며 악하고 고난받는 경지인 지옥에 태어나는구나.

그러나 이 사랑하는 중생들은 몸과 입과 뜻의 착한 행위를 일으켜 성자들을 모욕하는 일이 없고 바른 견해를 품고 그 견해에 근거한 행위를 하여 몸뚱이가 부서져 죽은 후에 좋은 경지인 하늘에 태어난다'라고 하는, 중생들이 각자의 업을 따라간다는 것을 알았습니다.

이처럼 나는 더없이 깨끗한 초인적인 신통력있는 눈으로 모든 중생의 생사윤회를 보고 중생들이 각자의 업을 따라간다는 것을 알았던 것입니다.

바라문이여! 이것이 한밤중에 내가 도달한 두번째 지혜였

두려움에 대한 초월

습니다. 게으르지 않고 노력하며 강한 의지로 지낼 때 그러하듯이 어리석음이 사라지고 지혜가 생기며 암흑이 무너지고 빛이 일어났던 것입니다.

나아가 이처럼 마음이 선정에 잘 들어 청정하며 순수해지고 더러움에 물들지도 않고 티끌도 없어지며 부드럽고 안정되어 흔들림이 없어지게 되자 나는 번뇌를 소멸하는 지혜에 마음을 쏟았습니다.

그리하여 '이것이 괴로움이다'라고 있는 그대로 알았습니다. '이것이 괴로움의 모임이다'라고 있는 그대로 알았으며 '이것이 괴로움의 멸함이다'라고 있는 그대로 알았으며 '이것이 괴로움의 멸함에 이르는 길이다'라고 있는 그대로 알았습니다.

그리고 내가 이와 같이 알고 이와 같이 보고 있을 때 마음이 욕망의 번뇌에서 풀려나오고 존재의 번뇌에서 풀려나오며 어리석음의 번뇌에서 풀려나왔습니다. 풀려나왔을 때 '자유롭게 되었다'라는 깨달음이 생겼습니다. '삶의 의미는 완성되었다. 깨끗한 수행의 성취로 할 일을 마쳤다. 더 이상 괴로움에 빠지지 않으리라' 하고 깨달았던 것입니다.

바라문이여! 이것이 밤이 끝날 무렵 내가 도달한 세번째 지혜였습니다. 게으르지 않고 노력하며 강한 의지로 지낼 때 그러하듯이 어리석음이 사라지고 지혜가 생기며 암흑이 무너지고 빛이 일어났던 것입니다.

쟈눗소니의 귀의

그런데 바라문이여! 어쩌면 그대는 '사문 고타마는 지금까지도 탐욕과 성냄과 어리석음을 떠나지 못하고 있다. 그래서 인적없는 숲속에서 고독한 생활을 하고 있는 것이다'라고 생각할는지도 모릅니다.

바라문이여! 그런 생각은 옳지 못합니다. 나는 두 가지의 뜻을 깨달은 까닭에 숲속에서 지내고 있는 것입니다. 스스로는 현세에서의 안락한 머뭄이라고 깨달은 까닭이요, 또 하나는 장차 올 사람들을 가엾이 여기기 때문입니다."

"존경받을 만한 분[아라한], 올바로 깨달으신 분[정등각자]은 그러하듯이 존경하는 고타마께서는 장차 올 사람들을 가여워 하십니다.

존경하는 고타마시여! 훌륭하고 또 훌륭하십니다. 마치 넘어진 것을 일으켜 세우고 가려진 것을 밝혀내며 길잃는 자에게 길을 가리키고, '눈있는 자는 사물을 보라'고 하며 어둠 속에서 등불을 치켜들 듯이 존경하는 고타마께서는 갖가지 방법으로 가르침을 밝혀주셨습니다.

나는 이제 존경하는 고타마에게, 가르침에, 비구승단에 귀의합니다. 존경하는 고타마께서는 부디 저를 일생토록 귀의하는 재가신자(우바새)로서 거두어주소서."

두려움에 대한 초월

11. 앗사뿔라의 설법
(앗사뿔라大經)

11. 앗사풀라의 설법
(앗사풀라大經)

수행자가 되는 법

이와 같이 나는 들었다.

어느 때 세존은 앙가국의 앗사풀라(말의 도시)라고 하는 도시에 머물고 계셨다.

그곳에서 세존께서는 비구들에게 "비구들이여!"하고 부르셨다.

비구들은 세존께 "존경하는 스승이시여!"라고 답하였다.

세존은 다음과 같이 말씀하셨다.

"비구들이여! 사람들은 그대들을 '수행자(사문)'라고 부르고 있다. 또한 사람들이 그대들을 향해 '당신은 누구십니까?' 하고 물을 때에도 그대들은 '우리들은 수행자입니다'라고 스스로를 가리켜 수행자임을 인정하고 있다. 비구들이여! 이와 같은 명칭이 있으며 이와 같이 스스로 인정할 때 그대들은 다음과 같이 수행해야만 한다.
'수행자가 되고 바라문이 되는 법을 항상 잘 받아지니고 실천하며 지내자. 그리하면 수행자라고 하는 우리들의 명칭은 진실하게 될 것이며 또한 우리들 스스로도 거짓되지 않게 수행자임을 인정할 수 있을 것이다.

어떠한 사람들이건 옷과 음식, 침구와 방석, 약품과 같은 필수품을 보시한다는 일은 우리들에게는 커다란 과보와 커다란 공덕이 될 것이다.

더구나 우리들의 이 출가는 무의미한 것이 아니니 과보가 있고 결실이 있을 것이다.'

이렇게 그대들은 수행해야만 한다.

부끄러움을 갖추는 일

비구들이여! 수행자가 되고 바라문이 되는 법에는 어떠한 것이 있는가?

'부끄러움을 갖춘 사람이 되라.'

비구들이여! 그대들은 이러한 부끄러움을 갖추는 사람이 되도록 수행하여야 한다.

또한 이러한 부끄러움을 갖추고 나면 그대들에게 다음과 같은 생각이 떠오를지도 모른다.

'우리들은 부끄러움을 이미 갖추었다. 이것만 갖추었으면

충분하다. 우리들은 수행자의 목적을 달성하였다. 우리가 더이상 해야할 일은 이제 없다.'
 틀림없이 그대들은 이렇게 생각하고 만족할지 모른다. 비구들이여! 나는 그대들에게 이르노라. 그대들에게 말하노라.
 '수행자가 되기를 원하는 자들이 이 이상으로 해야할 일이 있을 때, 〈수행자의 목적을 버려서는 안 된다〉'라고.

깨끗한 몸에 의한 행위

 비구들이여! 이 이상으로 하지 않으면 안 될 일이란 어떤 것인가?
 '몸으로 짓는 행위가 깨끗하고 명료하며 숨김이 없고 결점이 없도록 몸으로 짓는 행위를 잘 보호해야 한다. 더구나 한 걸음 나아가 몸으로 짓는 행위를 깨끗이 하여 자기를 칭찬하고 타인을 경멸하지 않도록 한다.'
 비구들이여! 그대들은 이렇게 몸으로 짓는 행위를 깨끗이 하도록 수행해야 한다.
 또한 몸으로 짓는 행위를 깨끗이 하고 나면 그대들에게 다음과 같은 생각이 떠오를지도 모른다.
 '우리들은 이미 부끄러움을 갖추었다. 우리들이 몸으로 짓는 행위는 이제 깨끗하다. 이것만 갖추었으면 충분하다.

우리들은 수행자의 목적을 달성하였다. 우리가 더 이상 해야 할 일은 이제 없다.'
 틀림없이 그대들은 이렇게 생각하고 만족할지 모른다. 비구들이여! 나는 그대들에게 이르노라. 그대들에게 말하노라.
 '수행자가 되기를 원하는 자들이 이 이상으로 해야할 일이 있을 때, 〈수행자의 목적을 버려서는 안 된다〉'라고.

깨끗한 입에 의한 행위

 비구들이여! 이 이상으로 하지 않으면 안 될 일이란 어떤 것인가?
 '입으로 짓는 행위가 깨끗하고 명료하며 숨김이 없고 결점이 없도록 입으로 짓는 행위를 잘 보호해야 한다. 더구나 한걸음 나아가 입으로 짓는 행위를 깨끗이 하여 자기를 칭찬하고 타인을 경멸하지 않도록 한다.'
 비구들이여! 그대들은 이렇게 입으로 짓는 행위를 깨끗이 하도록 수행해야 한다.
 또한 입으로 짓는 행위를 깨끗이 하고 나면 그대들에게 다음과 같은 생각이 떠오를지도 모른다.
 '우리들은 이미 부끄러움을 갖추었고 몸으로 짓는 행위도 깨끗해졌고 이제 입으로 짓는 행위마저도 깨끗해졌다. 이것

만 갖추었으면 충분하다. 우리들은 수행자의 목적을 달성하였다. 우리가 더 이상 해야할 일은 이제 없다.'
 틀림없이 그대들은 이렇게 생각하고 만족할지 모른다.
 비구들이여! 나는 그대들에게 이르노라. 나는 그대들에게 말하노라.
 '수행자가 되기를 원하는 자들이 이 이상으로 해야할 일이 있을 때, 〈수행자의 목적을 버려서는 안 된다〉'라고.

깨끗한 마음에 의한 행위

 비구들이여! 이 이상으로 하지 않으면 안 될 일이란 어떤 것인가?
 '뜻으로 짓는 행위가 깨끗하고 명료하며 숨김이 없고 결점이 없도록 뜻으로 짓는 행위를 잘 보호해야 한다. 더구나 한걸음 나아가 뜻으로 짓는 행위를 깨끗이 하여 자기를 칭찬하고 타인을 경멸하지 않도록 한다.'
 비구들이여! 그대들은 이렇게 뜻으로 짓는 행위를 깨끗이 하도록 수행해야 한다.
 또한 뜻으로 짓는 행위를 깨끗이 하고 나면 역시 이것으로 수행자의 목적을 모두 이루었다고 생각하여 만족할지 모른다.
 비구들이여! 나는 그대들에게 이르노라. 그대들에게 말하노라.
 '수행자가 되기를 원하는 자들이 이 이상으로 해야할 일이 있을 때, 〈수행자의 목적을 버려서는 안 된다〉'라고.

깨끗한 생활

비구들이여! 이 이상으로 하지 않으면 안 될 일이란 어떤 것인가?
 '생활이 깨끗하고 명료하며 숨김이 없고 결점이 없도록 생활을 잘 보호해야 한다. 더구나 한걸음 나아가 생활을 깨끗이 하여 자기를 칭찬하고 타인을 경멸하지 않도록 한다.'
 비구들이여! 그대들은 이렇게 생활을 깨끗이 하도록 수행해야 한다.
 또한 생활을 깨끗이 하고 나면 역시 이것으로 수행자의 목적을 모두 이루었다고 생각하여 만족할지 모른다.
 비구들이여! 나는 그대들에게 이르노라. 그대들에게 말하노라.
 '수행자가 되기를 원하는 자들이 이 이상으로 해야할 일이 있을 때, 〈수행자의 목적을 버려서는 안 된다〉'라고.

여섯 가지 감각기관의 보호

비구들이여! 이 이상으로 하지 않으면 안 될 일이란 어떤 것인가?

'여러 가지 감각기관을 가지고 그 출입의 문을 보호하는 사람이 되어야 한다. 눈으로 형체를 보고 그 특징에 집착하지 않으며 세밀한 특징에도 집착하지 말라.

시각[眼根]을 지키고 있지 않는 사람에게 탐욕과 근심과 악과 착하지않는 법이 흘러 들어오므로 시각을 보호하기 위하여 정진해야 한다. 시각을 지키는 일을 수행하라.

귀로 소리를 듣고, 코로 냄새를 맡고, 혀로 맛을 보고, 몸으로 감각을 느끼는 일에 대해서도 그러해야 할 것이며, 의지[意根]로 그 대상인 법을 알고 그 특징에 집착하지 않으며 세밀한 특징에도 집착하지 말라.

의지라는 감각기관을 지키고 있지 않는 사람에게 탐욕과 근심과 악과 착하지 않은 법이 흘러들어오는 것이므로 그것을 보호하기 위하여 정진해야 할 것이다. 의지를 지키는 일을 수행하라.'

비구들이여! 그대들은 이렇게 여섯 가지 감각기관을 보호하는 일을 수행하여야 한다.

그대들은 여섯 가지 감각기관을 보호하고 나면 역시 이것으로 수행자의 목적을 모두 이루었다고 생각할지도 모른다.

앗사풀라의 설법

비구들이여! 나는 그대들에게 이르노라. 그대들에게 말하노라.

'수행자가 되기를 원하는 자들이 이 이상으로 해야할 일이 있을 때, 〈수행자의 목적을 버려서는 안 된다〉라고.'

식사할 때 적당한 양을 안다

비구들이여! 이 이상으로 하지 않으면 안 될 일에는 또 어떤 것이 있는가?

'식사할 때 적당한 양을 알아야 한다. 올바르게 스스로를 관찰하며 음식물을 먹어야 한다. 실로 노닥거리기 위함이 아니요, 교만하기 위함도 아니요, 치장이나 장식하기 위함도 아니다. 실로 이 몸을 유지하고 보호하고 상처를 가라앉히기 위하여 그리고 성스러운 행위(범행)를 더 많이 해내기 위함이다. 이리하면 오랜 고통은 이겨낼 수 있으며 새로운 아픔을 맞이하는 일은 없게 되리라.

그뿐 아니라 한걸음 더 나아가 그대의 생활이 보호될 것이며 비난받는 일이 없을 것이며 고요하게 머무를 수가 있게 될 것이다.'

비구들이여! 그대들은 이렇게 식사할 때 적당한 양을 알도록 수행해야 한다.

또한 그대들은 역시 이것으로 수행자의 목적을 모두 이루었다고 생각할지 모른다.

비구들이여! 나는 그대들에게 이르노라. 그대들에게 말하노라.

'수행자가 되기를 원하는 자들이 이 이상으로 해야할 일이 있을 때, 〈수행자의 목적을 버려서는 안 된다〉라고.'

잠들지 않도록 노력한다

비구들이여! 이 이상으로 하지 않으면 안 될 일이란 어떤 것이 있는가?

'잠들지 않도록 노력하라. 낮 동안에 조용히 걸어다니고 [經行], 고요히 앉아 있으며 장애가 되는 것으로부터 마음을 정화하라.

저녁에도 조용히 걸어다니고 고요히 앉아 있으며 장애가 되는 것으로부터 마음을 정화하라.

한밤중에는 두 발을 가지런히 모으고 마음을 통일하고 올바르게 마음을 집중시켜서 곧 일어나려는 생각을 올바르게 갖고 오른쪽 옆구리를 바닥에 대고 사자와 같이 가로누워야 한다.

새벽에 일어나서 조용히 걸어다니고 고요히 앉아 있으며 장애가 되는 것으로부터 마음을 정화하라.'

비구들이여! 그대들은 이렇게 잠에 빠지지 않도록 수행해야 한다.

또한 그대들은 역시 이것으로 수행자의 목적을 모두 이루었다고 생각할지 모른다.

비구들이여! 나는 그대들에게 이르노라. 그대들에게 말하노라.

'수행자가 되기를 원하는 자들이 이 이상으로 해야할 일이 있을 때, 〈수행자의 목적을 버려서는 안 된다〉라고.'

마음을 통일하고 올바르게 마음을 멈추다

비구들이여! 이 이상으로 하지 않으면 안 될 일에는 또 어떤 것이 있는가?

'마음을 통일하고 올바르게 마음을 멈추는 사람이 되어야 한다. 나아갈 때에도 물러설 때에도 올바르게 마음을 멈추어야 하며, 앞을 볼 때나 뒤를 볼 때에도 올바르게 마음을 멈추어야 하며, 팔을 구부릴 때에나 펼 때에도 올바르게 마음을 멈추어야 한다.

그리고 가사와 발우를 지님에 있어 올바르게 마음을 멈추어야 하며, 식사할 때, 마실 때, 맛좋은 것을 먹을 때에조차 올바르게 마음을 멈추어야 한다.

대소변을 볼 때에도 올바르게 마음을 멈추어야 하며, 걷거나 멈춰서 있을 때, 앉아 있을 때나 잠들었을 때, 깨어났

을 때 그리고 침묵하고 있을 때에도 올바르게 마음을 멈추어야 한다.'

비구들이여! 그대들은 이렇게 마음을 통일하고 마음을 멈추도록 수행해야 한다.

또한 그대들은 역시 이것으로 수행자의 목적을 모두 이루었다고 생각할지 모른다.

비구들이여! 나는 그대들에게 이르노라. 그대들에게 말하노라.

'수행자가 되기를 원하는 자들이 이 이상으로 해야할 일이 있을 때, 〈수행자의 목적을 버려서는 안 된다〉라고.'

다섯 가지 덮개 [五蓋] 를 버린다

비구들이여! 이 이상으로 하지 않으면 안 될 일이란 어떤 것이 있는가?

'비구들이여! 이 세상에서 비구는 외로이 떨어진 곳에 앉기를 즐겨하고 수행하기에 걸맞는 숲이나 나무 아래, 산이나 동굴, 산 속의 굴이나 묘지(화장터), 삼림 대지, 길 가, 볏짚을 쌓아놓은 곳에 즐겨 머물러야 한다.

탁발에서 돌아와 몸을 곧게 펴고 마음을 통일하여 중심점을 면전에 두고 가부좌를 틀고 앉아야 한다.

속세에 대한 탐욕을 버리고 탐욕을 떠난 생각에 머물며

탐욕으로부터 마음을 정화하라.
　성냄을 버리고 성냄을 떠난 생각에 머물며 성냄으로부터 마음을 정화하라.
　마음의 작용이 둔하고 혼탁한 상태를 버리고 둔하고 혼탁한 상태를 떠나 머물며 잘 살피려는 생각을 갖고 마음을 통일하며 올바르게 마음을 멈추고 마음의 작용이 둔하고 혼탁한 상태로부터 마음을 정화하라.
　들뜬 마음과 후회하는 마음을 버리고 들뜨지 않고 한결같이 고요한 마음을 가지며 들뜸과 후회심으로부터 마음을 정화하라.'
　비구들이여! 예를 들면 어떤 사람이 돈을 꾸어서 장사를 시작하였는데 장사가 나날이 번창하여서 이윽고 꾼 돈을 다 갚고도 돈이 남아 아내를 부양할 수 있게 되었다고 하자.
　그는 이렇게 생각할 것이다.
　'나는 일찍이 돈을 꾸어서 장사를 시작하였는데 장사가 나날이 번창하여 꾼 돈을 다 갚고도 돈이 남아 아내를 부양할 수 있게 되었다.'
　이리하여 이 사람은 기쁨을 얻고 즐거움에 이르게 될 것이다.
　또 예를 들면 어떤 사람이 병에 걸려 고통받으며 중태에 빠졌다가 이윽고 병이 회복되어 체력을 되찾고 입맛도 되찾았다고 하자. 더구나 그의 몸에는 힘이 넘치게 되었다고 하자.

아함경

그는 이렇게 생각할 것이다.

'나는 일찍이 병들어 고생하다가 이제는 병이 나아 입맛과 체력을 되찾았다.'

이리하여 이 사람은 기쁨을 얻고 즐거움에 이르게 될 것이다.

또 예를 들면 어떤 사람이 감옥에 갇혀 있다가 마침내 풀려 나왔으며 재산이 하나도 몰수되지 않아 손실을 보지 않았다고 하자.

그는 이렇게 생각할 것이다.

'나는 일찍이 감옥에 갇혀 있었는데 이제는 무사히 석방되었다. 게다가 재산도 잃지 않았다.'

이리하여 이 사람은 기쁨을 얻고 즐거움에 이르게 될 것이다.

또 예를 들면 어떤 사람이 노예로서 독립하지 못하고 타인에게 예속되어 자기가 가고 싶은 장소에는 전혀 가지 못하는 신세라고 하자. 이윽고 그는 그 노예신분에서 벗어나 독립하고 타인의 예속을 벗어났으며 자기가 원하는 곳이라면 어떤 곳으로도 갈 수 있게 되었다고 하자.

그는 이렇게 생각할 것이다.

'나는 일찍이 노예로 지내면서 자유가 없다가 이제는 독립하여 타인의 예속을 벗어났고 내가 원하는 곳이라면 어떤 곳으로도 갈 수 있게 되었다.'

이리하여 이 사람은 기쁨을 얻고 즐거움에 이르게 될 것이다.

또 예를 들면 어떤 사람이 돈이 많고 부유했었는데 어쩌다 위험천만인 황야로 들어가 버리게 되었다고 하자. 그는 이윽고 그 황야를 빠져 나와 무사하게 평화롭고 안전한 마을 변두리에 도착할 수 있게 되었다고 하자.

그는 이렇게 생각할 것이다.

'나는 예전에는 돈과 재산이 많았는데 어쩌다 먹을 것도 하나 없고 위험하기 짝이 없는 황야에 발을 들여 놓게 되었다.. 그러나 지금은 그 황야에서 탈출하여 평화롭고 안전한 마을 변두리에 무사히 도착하였다.'

이리하여 이 사람은 기쁨을 얻고 즐거움에 이르게 될 것이다.

비구들이여! 실로 이와 같이 비구는 돈을 빌거나 병들거나 옥에 갇히거나 노예신분이거나 황야에 발을 들여 놓은 것처럼 이러한 다섯 가지의 덮개[五蓋]가 자신에게서 버려지지 않았음을 관찰해야 하는 것이다.

비구들이여! 마치 빚이 없고 병이 없으며 감옥에서 풀려났고 자유로운 몸이 되었고 안전한 땅에 발을 들여 놓게 되었듯이 자신에게서 이러한 다섯 가지의 덮개가 버려졌음을 관찰해야 하는 것이다.

선정의 네 가지 단계

그는 이러한 다섯 가지의 덮개, 사유에 따라서 일어나는 번뇌[隨煩惱], 지혜를 약하게 하는 것을 끊고 갖가지의 탐욕을 떠나고 착하지 않은 것을 떠나, 거친 생각과 미세한 생각을 갖춰 멀리 떠남에서 생기는 기쁨과 즐거움이 있는 초선(선정의 제 1단계)을 성취하여 머물러야 한다.

그는 틀림없이 이 몸을 멀리 떠남에서 생기는 기쁨과 즐거움으로 충일케 하고 두루 넘치게 하며 충족시키고 두루 충족시키고 있다. 그의 몸 전체는 멀리 떠남으로부터 생긴 기쁨과 즐거움에 의해 두루 충족되지 않은 일이 결코 없다.

비구들이여! 나아가 또한 비구는 거친 생각과 미세한 생각이 쉼으로써 안으로 깨끗해진 마음을 한 곳에 집중시켜 거친 생각과 미세한 생각이 없는, 선정에서 생기는 기쁨과 즐거움이 있는 제2선을 성취하여 머물러야 한다.

그는 틀림없이 이 몸을 선정에서 생기는 기쁨과 즐거움으로 충일케 하고 두루 넘치게 하며 충족시키고 두루 충족시키고 있다. 그의 몸은 전체가 선정에서 생기는 기쁨과 즐거움으로 적셔지지 않는 곳이 한 군데도 없다.

비구들이여! 나아가 또한 비구는 기쁨을 떠나고 나누는 마음[捨]으로 머물러 마음을 통일하고 올바르게 마음을 멈추고, 뿐만 아니라 몸으로 즐거움을 받고 성자들이 '나누는 마음을 가지고 마음이 통일되어 즐거움에 머문다'라고 하는 제3선을 성취하여 머물러야 한다.

　그는 틀림없이 이 몸을 기쁨을 떠난 즐거움으로 충일케 하고 두루 넘치게 하며 충족시키고 두루 충족시키고 있다. 그의 몸은 전체가 기쁨을 떠난 즐거움으로 적셔지지 않는 곳이 한 군데도 없다.

　비구들이여! 나아가 또한 비구는 즐거움을 버리고 괴로움을 버리고 이전에 있었던 희열과 근심을 멸하여 괴로움도 없고 즐거움도 없으며, 나누는 마음과 기억이 깨끗한 제4선을 성취하여 머물러야 한다.

　그는 틀림없이 이 몸을 깨끗하고 정화된 생각으로 충일케 하고 두루 넘치게 하며 충족시키고 두루 충족시키며 앉아 있다.

세 가지의 밝은 지혜

　이와 같이 마음을 통일시키고 정화하며 티끌이 없고 사유에 따라서 일어나는 번뇌를 떠나고 부드럽고 행위에 알맞으며 편안히 머무르고 흔들림이 없음을 얻었을 때, 그는 전생을 기억하는 지혜에 마음을 기울이게 된다(삿챠카대경의 '세 가지의 밝은 지혜' 부분과 동일하여 반복되는 내용은 생략하였다 : 역자주).

그는 갖가지 전생의 상태를 기억하고 있다. 그는 한 번의 생, 두 번의 생, 내지 백 번, 천 번, 십만 번도 더 되는 생의 세계의 생성기와 붕괴기, 생성과 붕괴의 교체기를 기억해내며 그 헤아릴 수 없는 생 동안의 하나하나의 모습과 세밀한 상황까지 아울러 기억해낸다.

또한 이와 같이 마음을 통일시키고 정화하며 티끌이 없고 사유에 따라서 일어나는 번뇌를 떠나고 부드러우며 행위에 알맞고 편안히 머물고 흔들림이 없음을 얻었을 때, 그는 중생의 생사에 관한 지혜에 마음을 기울이게 된다.

그는 깨끗하고 초인적인 하늘의 눈으로 중생이 죽음에 이르는 모습과 태어나는 모습을 보며, 열등한 모습과 훌륭한 모습, 아름답고 추한 모습, 행복한 모습과 불행한 모습, 그리고 각기의 행위에 따라서 과보를 받아 세상으로 가는 중생을 안다.

또한 이와 같이 마음을 통일하고 깨끗하게 정화하며 티끌이 없고 사유에 따라서 일어나는 번뇌를 떠나고 부드러워지며 행위에 알맞고 편안히 머물며 흔들림이 없음을 얻었을 때, 그는 번뇌의 티끌을 멸하는 지혜에 마음을 기울인다.

그는 '괴로움'과 '괴로움의 모임'과 '괴로움의 멸함'과 '괴로움의 멸함에 이르는 길'을 있는 그대로 안다. 또한 '번뇌의 티끌'과 '번뇌의 티끌의 모임'과, '번뇌의 티끌의 멸함'과, '번뇌의 티끌의 멸함에 이르는 길'을 있는 그대로 안다. 이와 같이 알고 이와 같이 보고 있는 그는 애욕에 집착되어진 번뇌의 허물로부터 마음을 해탈하고, 존재에 집착되어진 번뇌의 허물로부터 마음을 해탈하며, 어리석음에 집착되어진 번뇌의 허물로부터 마음을 해탈한다.

해탈한 후에 '해탈했다'라는 지혜가 생긴다. 그리하여 삶의 의미는 완성되었다. '깨끗한 수행의 성취로 할 일을 마쳤다. 더 이상 괴로움에 빠지지 않으리라'라고 안다.

비구의 여러 가지 호칭

비구들이여! 이 비구는 '수행자(사문)이다'라고도 불릴 수 있고 '바라문이다', '깨끗이 씻은 사람이다', '지식에 통달한 사람이다', '성전에 정통해 있는 사람이다', '성자이다', '가치있는 사람(아라한)이다'라고도 불릴 수 있다.

비구들이여! 어찌하여 비구가 수행자인 것일까? 다시 말하면 그에게는 악, 불선한 것, 번뇌, 또다시 태어남, 두려움과 괴로움의 갚음이 있고 미래에 태어나고 병들고 늙고 죽어야 하는 일이 멈추어 있다.

비구들이여! 바로 이와 같은 까닭에 비구는 수행자라 불리는 것이다.

비구들이여! 어찌하여 비구가 바라문인 것일까? 그에게는 악, 불선한 것, 번뇌, 또다시 태어남, 두려움과 괴로움의 갚음이 있고 미래에 태어나고 병들고 늙고 죽어야 하는 일이 멀리 물러서 있다.

비구들이여! 바로 이와 같은 까닭에 비구는 바라문이라 불리는 것이다.

비구들이여! 어찌하여 비구는 깨끗이 씻은 사람인 것일까? 그는 악, 불선한 것, 번뇌, 또다시 태어남, 두려움과 괴로움의 갚음이 있고 미래에 태어나고 병들고 늙고 죽어야 한다는 것을 알고 있다.

비구들이여! 바로 이와 같은 까닭에 비구는 깨끗이 씻은 사람이라 불리는 것이다.

비구들이여! 어찌하여 비구는 성전에 정통해 있는 사람이라는 것일까? 그에게는 악, 불선한 것, 번뇌, 또다시 태어남, 두려움과 괴로움이 갚음이 있고 미래에 태어나고 병들고 늙고 죽어야 한다는 것이 소실되어 있다.

비구들이여! 바로 이와 같은 까닭에 비구는 성전에 정통해 있는 사람이라고 불리는 것이다.

비구들이여! 어찌하여 비구는 성자인 것일까? 그에게는 악, 불선한 것, 번뇌, 또다시 태어남, 두려움과 괴로움의 갚음이 있으며 미래에 태어나고 병들고 늙고 죽는 일이 멀리 떨어져 있다.

비구들이여! 바로 이와 같은 까닭에 비구는 성자라 불리는 것이다.

비구들이여! 어찌하여 비구는 가치있는 사람인 것일까? 그에게는 악, 불선한 것, 번뇌, 또다시 태어남, 두려움과 괴

앗사풀라의 설법

로움의 깊음이 있고 미래에 태어나고 병들고 늙고 죽는 일이 멀리 떨어져 있다.

비구들이여! 바로 이와 같은 까닭에 비구는 가치있는 사람이라 불리는 것이다."

이와 같이 세존께서 말씀하셨다. 환희한 저 비구들은 세존께서 설하신 말씀을 기쁘게 받들어 행하였다.

12. 진정한 제사
(쿠따단따經)

12. 진정한 제사
(쿠다단타經)

세존의 명성

이와 같이 나는 들었다.

어느 때 세존께서는 5백명의 비구들과 함께 마가다국을 유행하시다가 카누마타라고 하는 바라문마을에 들어가시게 되었다. 그곳에서 세존께서는 암발랏티카동산[34]에 머무셨다.

이 마을은 쿠다단타라는 바라문이 살고 있었는데 마을은 활기차고 풀과 나무와 물이 넘치는 풍요로운 왕의 땅으로 마가다국왕 세니야 빔비사라왕으로부터 하사받은 은총과 권리가 으뜸가는 땅이었다.

마침 그때는 쿠다단타 바라문의 성대한 제사가 준비중이어서 황소와 암수 송아지, 숫산양과 숫양들이 각각 7백마리씩 기둥에 묶여져 제사의 산제물이 되기를 기다리고 있었다.

 카누마타마을의 바라문과 부호들은 때마침 이런 소식을 들었다.

 "사문 고타마라고 하는 샤카족 출신의 출가인이 5백명의 비구승단과 함께 카누마타마을의 암발랏티카동산에 머물고 계신다. 그런데 이 세존 고타마에게는 다음과 같은 찬란한 명성이 일고 있다.

 즉 이 세존은 존경할 만한 분[應供]이시며, 완전하게 깨달음에 도달하신 이, 지혜와 행동을 두루 갖춘 사람, 잘 가신 분, 윤회하는 세상에 대한 모든 것을 알고 계신 사람, 위없는 사람, 중생을 가장 잘 다루는 조련사, 신들과 인간의 스승, 붓다, 세상에서 가장 존귀하신 분[35]이라는 명성이 일고 있는 것이다.

 이 분은 신들의 세계와 악마, 범천의 세계를 포함한 이 모든 세계를 알며, 사문 바라문과 천신, 인간을 포함한 중생을 스스로 알고 깨달아 가르치신다.

 이 분은 처음도 좋고, 가운데도 좋으며 마지막도 좋은 뜻 깊은 가르침을 설하시니 오로지 원만하고 티끌하나 없는 깨끗한 생활을 밝혀 설하신다.

 그러니 이토록 존경할 만한 분을 뵙는다는 것은 좋은 일이 아닐 수 없다."

 그래서 카누마타마을의 바라문과 부호들은 무리를 지어 마을을 떠나 암발랏티카동산으로 향하였다.

쿠다단타 바라문

그런데 그때 쿠다단타 바라문은 발코니에서 낮잠을 즐기려다 마을 사람들이 무리지어 몰려가는 모습을 보고 하인에게 물었다.

"하인이여! 무슨 까닭으로 마을의 바라문과 부호들이 무리를 지어 암발랏티카동산으로 가는가?"

"주인이시여! 사문 고타마께서 비구승단 5백명과 함께 카누마타마을의 암발랏티카동산에 머물고 계신다고 합니다.

그런데 이 세존께서는 존경할 만한 분 등의 열 가지 이름〔如來十號〕으로도 불리며 찬란한 명성을 날리고 계신다고 합니다. 저 사람들은 그러한 분을 만나뵙고자 지금 달려가고 있는 중입니다."

그러자 쿠다단타 바라문은 생각하였다.

'들리는 바에 의하면 사문 고타마는 세 가지와 열여섯 가지의 조건이 완벽하게 갖추어진 제사[36]를 알고 계신다고 했다. 하지만 지금 성대한 제사를 올리려고 하는 나는 그것을 모르고 있지 않은가? 자, 이제 나도 사문 고타마가 계신 곳으로 가서 세 가지와 열여섯 가지 조건이 갖추어진 제사에 대해 여쭈어야 하겠다.'

그래서 그는 하인에게 말했다.

진정한 제사

"자, 하인이여! 저 바라문과 부호들에게 가서 내가 함께 가기를 원하니 잠시 기다려 달라고 전하라."

"그리 하겠나이다, 주인이시여!"하고 답하고 나서 하인은 그들에게 달려가 주인의 말을 전했다.

그런데 그때 카누마타마을에는 수백 명도 더 되는 바라문들이 쿠다단타 바라문의 성대한 제사에 참가하려고 머물고 있었다.

그들은 쿠다단타 바라문이 사문 고타마를 만나러 간다고 전해 듣자 그에게 달려가 이렇게 말했다.

"쿠다단타시여! 그대가 사문 고타마를 만나러 가신다는데 그 말이 사실입니까?"

"그렇습니다. 저도 사문 고타마를 만날 셈입니다."

"쿠다단타시여! 만나러 가지 마십시오. 그 사람을 만나서는 안 됩니다. 만약 그대가 사문 고타마를 만나러 간다면 그대는 명성을 잃게 될 것이요, 사문 고타마의 명성은 높아질 것입니다. 그러니 사문 고타마를 만나러 가서는 안 됩니다. 오히려 그가 당신을 만나러 와야 마땅할 것입니다.

쿠다단타님은 부친과 모친의 두 가계가 혈통이 순수하여 7대를 거슬러 올라가 보아도 혈통이 섞인 적이 없으니 출생에 관해 흠잡을 데가 없습니다. 그대는 이와 같은 분이시니 사문 고타마를 만나러 가서는 안 됩니다. 오히려 그가 당신을 만나러 와야 마땅할 것입니다.

쿠다단타님은 막대한 재산을 갖고 계십니다. 성전에 밝으며, 성구(聖句)를 잘 이해하고 계시며, 세 가지 베다[37]의 깊고 어려운 뜻에 통달해 계시고, 어휘록, 활용론(活用論), 음운론, 어원론(語源論)과 베다의 사전(史傳)[38]의 구질에 통달해 계시며 해석이 정교하며, 세속의 철학과 위인의 특징을 알고 계십니다.

그 모습이 더할 나위 없이 수려하여 으뜸가는 연꽃처럼 아름다운 용모를 갖추었고, 훌륭한 자태와 풍채를 지니셨으니 흠잡을 데가 없습니다. 품성이 올바르고 장로의 품성과 품격을 갖추고 계십니다. 말씨가 세련되고 화술에 뛰어나 명료하고 간단하게 의미를 전하십니다.

수많은 사람을 가르치는 스승 중의 스승이며 3백명의 청년에게 성전을 가르치고 계시니, 수많은 젊은이들이 나라마다 돌아다니며 성전을 구하고 배우고자 할지면 모두 당신 아래로 와서 모이고 있습니다.

쿠다단타님은 마가다국의 세니야 빔비사라왕에게 존경과 숭배를 받고 있습니다. 폭칼라사디 바라문[39]에게도 존경과 숭배를 받고 있습니다. 쿠다단타님은 카누마타마을에 살고 계시고 이 마을은 활기차고 풍요로운 왕의 땅으로써 세니야 빔비사라왕이 하사한 은총과 권리가 넘쳐 흐르는 땅입니다.

당신은 이러한 분이시니 사문 고타마를 만나러 가셔서는 안 됩니다. 오히려 그가 당신을 만나러 와야 마땅합니다."

진정한 제사

부처님을 찬양하다

바라문들이 이렇게 말하자 쿠다단타 바라문은 말했다.
"그렇다면 여러분! 제 말도 들어 보십시오.
우리가 존귀하신 고타마를 만나러 가야 마땅한 일이지 그 분이 우리를 만나러 오셔서는 안 됩니다.
여러분! 사문 고타마는 부친과 모친의 두 가계가 혈통이 순수하여 7대를 거슬러 올라가 보아도 혈통이 섞인 적이 없으며, 출생에 관해 흠잡을 데가 없습니다. 그러므로 우리야 말로 존귀하신 고타마를 뵈오러 가야 마땅할 것입니다.
사문 고타마는 위대한 일가친척을 버리고 출가하셨습니다. 막대한 양의 황금과 금화, 비밀리에 숨겨져 있는 그 모든 보물들을 버리고 출가하신 것입니다.
저 분은 나이 젊고 머리칼은 칠흑같이 검은, 훌륭한 젊은 이로서 청년시절에 그의 양친이 출가를 반기지 않아 눈물로 뒤범벅이 된 채 비탄에 젖어 있었음에도 불구하고 머리털과 수염을 깎고 가사를 입고 출가인이 되신 것입니다.
사문 고타마는 그 모습이 더할 나위 없이 수려하여 으뜸 가는 연꽃과도 같은 용모를 갖추셨고 훌륭한 자태와 풍채를 지니셨으니 흠잡을 데가 없습니다.
성스러운 계율을 지키고 따르며, 바른 계율을 지키고 보호하고 계십니다.

아함경

말씨가 세련되고 화술에 뛰어나 명료하고 간단하게 의미를 전달하십니다.

수많은 사람을 가르치는 스승 중의 스승이십니다.

욕망과 탐욕을 다스리셨고 들뜬 데가 없습니다.

사문 고타마는 행위[業]란 나중에 작용하는 힘이 되어 과보를 일으킨다는 설을 주창하신 행위론자이며, 행위에는 선악이 있어 작용을 미친다고 하는 설을 주창하신 작용론자이고, 그야말로 바라문이라 불리는 사람들 사이에서 선(善)을 존중하는 분이십니다.

그 분은 고귀한 집안이며 왕족의 시조에 해당하는 가문을 버리고 출가하셨습니다. 엄청난 재산이 쌓여있는 부유한 집을 버리고 출가하신 것입니다. 먼 나라, 먼 지방에서 고민을 해결하고자 저 분이 계신 곳으로 사람들이 몰려들고 있습니다.

사문 고타마는 수천이 넘는 신들의 마음속 깊은 귀의를 받으셨습니다. 저 분은 '세상의 존경을 받을 만한 분이시며…' 등의 열 가지 이름으로 불리며, 찬란한 명성을 날리고 계십니다.

사문 고타마는 위대한 인물이 갖고 있는 32가지 특징[三十二相]을 갖추고 계십니다.

정중하고 친근감이 있고 친절하여 잘 이해할 수 있도록 말씀하시며 간절하게 이야기하시는 분이십니다. 비구와 비구니, 우바새와 우바이로 이루어진 4부대중에게 존경과 숭

진정한 제사

배를 받고 계십니다.

　사문 고타마가 머물고 계신 곳이라면 그 곳이 어떠한 마을이나 도시라 할지라도 악귀가 사람을 괴롭히지 못합니다.

　저 분은 교단의 주인이시고 승단의 지도자이시며 스승으로서 많은 교조(敎祖) 가운데 으뜸가는 분이라고 일컬어지고 있습니다.

　어떤 사문 바라문들 중에는 무의미한 일에 근거해서 이러저러한 명성을 얻는 사람도 있지만 사문 고타마의 명성은 그렇지 않습니다. 저 분의 명성은 으뜸가는 지혜와 행을 두루 겸비하신 까닭에 생겨난 것입니다.

　사문 고타마는 마가다국의 세니야 빔비사라왕과 그의 왕자와 왕비, 신하에게 마음 속 깊은 귀의를 받고 계십니다. 코살라국의 프라세나짓왕과 그의 왕자, 왕비, 신하에게 마음속 깊은 귀의를 받고 계십니다. 폭칼라사디 바라문과 그의 아들, 아내, 하인과 친구들의 귀의를 받고 계십니다.

　사문 고타마는 마가다국의 세니야 빔비사라왕과 코살라국의 프라세나짓왕, 폭칼라사디 바라문의 존경과 숭배를 받고 계십니다.

　저 분은 카누마타마을에 도착하셔서 마을의 암발랏티카 동산에 머물고 계시는데 우리 마을에 온 사람은 어떠한 사문 바라문일지라도 모두 우리의 손님이며, 우리는 손님을 지극한 예우로써 맞이하고 존중해야 합니다.

　사문 고타마는 이러한 분이신 까닭에 저 분이 우리를 만

아함경

나러 오셔야 한다는 말은 당치도 않습니다. 도리어 우리가 만나뵈러 가야 합니다.

여러분! 존귀하신 고타마에 대한 찬양은 이 뿐만이 아닙니다. 존자 고타마는 한량없는 찬양을 받을 만한 분이십니다."

이렇게 말하자 바라문들은 쿠다단타 바라문에게 말했다.

"쿠다단타님께서 사문 고타마를 그토록 찬양하시는 데에야 설령 그 분이 수백 요자나 떨어진 곳에 계신다 할지라도 열렬한 믿음을 가진 양가의 아들이라면 쌀자루를 짊어지고라도 만나뵈러 가야 마땅할 것입니다.

자! 모두들 사문 고타마를 뵈오러 갑시다."

그러자 쿠다단타는 수많은 바라문들과 함께 무리를 지어 세존께서 계신 암발랏티카동산으로 나아갔다.

그리고 존경과 애정으로 가득찬 인사를 세존께 올리고 그 곁에 앉았다.

카누마타마을의 바라문과 부호들도 어떤 이는 세존께 절을 하고, 또 어떤 이는 존경과 애정으로 가득찬 인삿말을 올리고, 또다른 이들은 세존 계신 곳을 향해 합장하기도 하고, 자기의 이름을 대기도 하고, 또 어떤 이들은 아무 말없이 자리잡고 앉기도 했다.

곁에 앉은 쿠다단타 바라문은 세존께 아뢰었다.

"고타마시여! 저는 '사문 고타마는 세 가지와 열여섯 가지의 조건이 완벽하게 갖추어진 제사를 알고 계신다'라고

진정한 제사

들어왔습니다. 그에 반해 성대한 제사를 올리려고 마음먹고 있는 저는 그것을 알지 못합니다. 고타마시여! 부디 저에게 세 가지와 열여섯 가지 조건이 완벽하게 갖추어진 제사를 가르쳐주소서."

"그렇다면 바라문이여! 잘 듣고 생각하시오. 이제 그것을 설하리라."

"그리 하겠나이다."라고 쿠다단타 바라문은 답했다. 세존은 다음과 같이 말씀하셨다.

마하비지타왕의 제사

"바라문이여! 옛날에 마하비지타라고 이름하는 왕이 살고 있었다. 왕은 엄청난 재산가여서 그의 보배창고에는 언제나 수많은 보물과 화폐와 곡식과 과일이 가득 차 있었다.

그런데 왕이 혼자 조용한 곳에서 명상에 잠겨 있을 때 이런 생각이 떠올랐다.

'나는 사람이 소유할 수 있는 만큼의 재산을 모두 지녔고, 광대한 영토를 정복하여 지내고 있다. 이제 성대한 제사를 올리는 것이 어떨까? 그것은 오래도록 내게 이익과 행복을 가져다 줄 것임에 틀림없다.'

그러자 마하비지타왕은 궁정제관(宮廷祭官)을 지내는 바라문을 불러 자기의 생각을 말하면서 이렇게 청했다.

'바라문이여! 나는 성대한 제사를 올리려 합니다. 부디 방법을 가르쳐 주십시오. 그것은 오래도록 내게 이익과 행복을 가져다 줄 것입니다.'

바라문이여! 왕이 이와 같이 말하자 궁정제관은 말했다.

'폐하의 국토는 억압을 받고 있으며, 도둑이 들끓고 있습니다. 마을이며 거리, 도시에서는 약탈과 강도가 일어나고 있습니다. 만일 폐하께서 이러한 국토에서 세금을 거둬들이신다면 그것은 법다운 일이 될 수 없습니다.

또한 폐하께서는 이 도둑의 재난을 사형이나 금고형, 재산의 몰수, 교수형, 국외추방 등의 방법으로 뿌리 뽑으려 생각하고 계실지 모르겠습니다만, 그렇게 한다 해도 이 도둑의 재난은 완전하게 뿌리 뽑히지는 않습니다. 살아남는 자들이 나올 것입니다. 그들은 후에 폐하의 국토를 박해할 것이 분명합니다.

하지만 다음과 같은 묘책을 강구한다면 이 도둑의 재난은 완전히 사라질 것입니다.

다시 말하면 폐하의 국토에서 농경과 목축에 종사하는 사람들에게는 종자와 사료를 베풀어주고, 상업에 종사하는 사람들에게는 자금을 주고, 관직에 있는 사람들에게는 식료품과 봉급을 주도록 하십시오.

그러면 폐하의 세금은 늘어날 것이며, 국토는 평화로워져서 도둑이나 박해와 같은 일은 일어나지 않을 것입니다.

그래서 틀림없이 사람들은 기뻐하고 아이들은 마음껏 뛰

진정한 제사

놀며 대문을 활짝 열어 놓고 지내게 될 것입니다.'
'나는 그렇게 하겠소.'
마하비지타왕은 궁정제관인 바라문에게 답하고 나서 바라문이 일러준대로 하였다.
그리고 마하비지타왕은 궁정제관인 바라문을 다시 불러 말했다.
'그대가 일러준 묘책 덕분에 도둑의 재난은 사라지게 되었소. 바라문이여! 성대한 제사를 올리고 싶소. 부디 가르쳐 주시오. 그것은 오래도록 내게 이익과 행복을 가져다 줄 것이오.'

제사의 조건

'그러면 먼저 도시에 살고 있거나 시골에 살고 있는 모든 제후에게 〈여러분! 성대한 제사를 올리고자 한다. 그것은 오래도록 내게 이익과 행복을 가져올 것이기 때문이니 모두 다 동의해주기를 바란다〉라고 찬성을 구하십시오.
그리고 이어서 도시에 살고 있거나 시골에 살고 있는 대신과 관리, 부유한 바라문, 재산가 모두에게도 마찬가지 방법으로 찬성을 구하십시오.'
'그렇게 하겠소'라고 마하비지타왕은 궁정제관인 바라문에게 답하고 나서 그의 국토에 살고 있는 모든 제후에게 찬성을 구하였다.

'여러분, 나는 성대한 제사를 올리고자 하오. 그것은 오래도록 내게 이익과 행복을 가져다 줄 것이기 때문이오. 모두 다 동의해주기 바라겠소.'

'폐하! 제사를 행하십시오. 대왕이시여! 제사를 올릴 좋은 기회입니다'라고 모두들 답하였다.

이어서 도시에 살고 있거나 시골에 살고 있는 대신과 관리, 부호인 바라문, 부유한 재산가 모두에게도 똑같이 물어보았다. 모두들 답하였다.

'폐하! 제사를 올리십시오. 대왕이시여! 제사를 올릴 좋은 기회입니다.'

이상 제사를 올리는 데 동의하는 네 가지의 무리가 제사의 요건이다.

마하비지타왕은 여덟 가지 훌륭한 성질을 갖추고 있다.

즉, 어머니와 아버지의 가계가 결함이 없고 혈통이 순수하며, 7대를 거슬러 올라가도록 가문에 결함이 없어 출생에 관해서는 흠잡을 데가 없었다. 그 모습이 더할 나위 없이 수려하여 으뜸가는 연꽃같은 아름다운 용모를 갖추었고, 뛰어난 풍채와 풍모를 지녔다.

막대한 재산을 가졌으니 창고마다 금은보화와 곡식이 가득 차 있었다. 코끼리와 전차와 기병과 보병이 잘 훈련되어져서 왕을 옹위하니 그 세력이 든든하였고 그 명성을 듣는 것만으로도 적군은 혼비백산하여 도망을 갔다.

진정한 제사

왕은 신앙심이 두터웠고 사람들에게 잘 베푸는 이였으며, 보시하는 사람들의 귀감이 되었고 사문, 바라문, 빈민, 부랑자, 여행자, 걸식하는 이를 향해 문을 닫는 일이 없이 자선을 행하는 모습은 샘물 같았다.

그 뿐만 아니라 배워야 할 것이라면 무엇에 관해서건 드넓은 지식을 갖고 있었다. 어떠한 말일지라도 그 의미하는 바에 관해서는 〈이 말은 이러한 의미이고, 그 말은 그러한 의미이다〉라고 알고 있었다. 현명하고 총명하며 사려깊고 과거와 현재와 미래의 일들에 대하여 사고하는 능력이 있었다.

마하비지타왕은 이러한 여덟 가지 뛰어난 성질을 갖추고 있다. 이상의 여덟 가지 뛰어난 성질 모두는 이 제사의 요건이 된다.

궁정제관인 바라문은 네 가지 뛰어난 성질을 갖추고 있다.

다시 말하면 이 바라문 역시 7대를 거슬러 올라가도록 가문에 결함이 없었다. 성전을 잘 읽었으며, 성구를 잘 이해하였고 세 가지 베다의 깊고 어려운 뜻을 다하였고 어휘록, 활용론, 음운론, 어원론과 베다의 사전어구에 통달했으며, 해설이 교묘하고, 세속철학과 위인의 특징을 알고 있었다.

품성도 바르고 장로의 품성과 품격을 갖추고 있다. 현명하고 총명하며 사려깊고 제사의 국자[40]를 잡는 사람들 가운데 첫째가는 사람, 또는 그에 버금가는 사람이었다.

궁정제관인 바라문은 이러한 네 가지 뛰어난 성질을 갖고 있었다. 이상의 네 가지 뛰어난 성질이 이 제사의 요건이다.

제사의 마음가짐

이제 바라문이여! 궁정제관인 바라문은 마하비지타왕의 제사에 앞서 다음의 세 가지 마음가짐을 설했다.

'폐하에게 성대한 제사를 올리고 싶은 마음이 일어났을 때 〈아아! 이제 나는 재산의 대부분을 잃게 되겠구나〉라는 후회심이 일어날지도 모릅니다.

또한 폐하께서 성대한 제사를 올리고 있을 때 〈아아! 재산의 대부분을 잃어가고 있다〉라는 후회심이 일어날지도 모릅니다.

그리고 마지막으로 성대한 제사를 마쳤을 때 〈아아! 이제 내 재산의 대부분을 잃어버리고 말았구나〉라는 후회심이 일어날지도 모릅니다.

이와 같은 세 가지 마음이 일어나서는 안 됩니다.'

궁정제관인 바라문은 마하비지타왕의 제사에 앞서 이러한 세 가지 마음가짐에 관해 설하였다.

그리고 바라문이여, 궁정제관인 바라문은 마하비지타왕의 제사에 앞서 열 가지 구체적인 방법에 의해 참가자에 관한 후회를 없앴다.

진정한 제사

'폐하의 제사에는 중생을 살생한 자도, 살생하지 않은 자도 모두 오도록 하십시오. 그 중 살생한 자는 그 갚음을 받는 대로 내버려두고 살생하지 않은 자를 위해 제사를 올리어 그 마음이 흡족하고 깨끗하게 하소서.

폐하의 제사에는 도둑질을 한 사람이건, 하지 않은 사람이건 또한 삿된 음행을 저지른 사람이건 저지르지 않은 사람이건 또한 거짓말을 한 사람이건, 하지 않은 사람이건 또한 남을 중상모략을 한 사람이건, 하지 않은 사람이건 또한 난폭한 말을 한 사람이건, 하지 않은 사람이건 또한 쓸데없는 말을 한 사람이건, 하지 않은 사람이건 또한 탐욕스런 사람이건, 욕심없는 사람이건 또한 악의를 품은 사람이건, 품지 않은 사람이건 또한 그릇된 견해를 가진 사람이건, 바른 견해를 가진 사람이건 모두 오게 하십시오.

그리고 악한 일을 저지른 사람은 제 지은 죄대로 과보를 받게 내버려두고 악한 일을 저지르지 않은 사람을 위해 제사를 올리어 그 마음이 흡족하고 깨끗하게 하소서.'

궁정제관인 바라문은 마하비지타왕의 성대한 제사가 올려지기에 앞서 이와 같은 열 가지 구체적인 방법에 의해 참가자에 관한 후회를 없앴다.

그리고 바라문이여, 궁정제관인 바라문은 마하비지타왕의 성대한 제사가 올려지고 있을 때 열여섯 가지의 구체적인 방법에 의해 왕의 마음을 가르치고 인도하고 격려하고 기쁘게 하였다.

아함경

'폐하께서 성대한 제사를 올리고 계실 때 누군가가 〈마하비지타왕은 성대한 제사를 올리고 있지만 도시에 살고 있거나 시골에 살고 있는 신하인 세후, 대신과 관리, 부호인 바라문, 재산가 모두를 초대하지 않았을 것이다. 그럼에도 불구하고 왕은 이렇게 성대한 제사를 행한다〉라고 말하는 자가 나올지도 모르겠지만 폐하에 관해 이렇게 말하는 자는 올바른 사람이 아닙니다.

또한 폐하께서 성대한 제사를 올리고 계실 때 누군가가 〈마하비지타왕은 성대한 제사를 올리고 있지만 어머니와 아버지 쪽의 어느 혈통도 순수하지 않으며 7대를 거슬러 올라가 보아도 가계가 복잡하여 출생에 관해서 흠잡을 데가 분명히 있을 것이다.

연꽃과도 같이 아름다운 용모도, 의젓한 풍모와 풍채도 갖추지 않았을 것이다. 유복하지도 않을 것이니 재산과 보물이 있을리 없다. 훈련이 잘 된 코끼리와 전차, 기병과 보병이 있지 않을 것이니 적군이 그 앞에서 겁먹을리 없을 것이다. 왕은 신앙심이 두텁지 않아 베풀기를 좋아하지 않는 사람이다. 모든 배워야할 것에 대해서는 넓은 지식을 갖고 있지 않다. 의미하는 바에 관해서도 잘 모른다. 현명하지도 않고, 총명하지도 않으며 사려깊지도 않으며 과거와 현재, 미래에 관한 일에 대해서 사고하는 능력이 없다. 그럼에도 불구하고 왕은 이렇게 성대한 제사를 올리고 있다〉라고 말하는 자가 나올지 모르겠지만 폐하에 관해 이렇게 말하는

진정한 제사

자는 올바른 사람이 아닙니다.
 폐하께서는 이러한 여덟 가지의 뛰어난 성질을 모두 갖추고 계십니다.
 그러므로 폐하께서는 제사를 올리시어 그 마음이 흡족하고 깨끗하게 해야 마땅한 일이옵니다.
 또한 폐하께서 성대한 제사를 올리고 계실 때 누군가가 궁정제관인 바라문의 품격과 지식에 대해 비난하는 일이 있을지도 모르겠으나 그런 사람은 올바른 사람이 아닙니다. 폐하의 궁정제관인 바라문은 네 가지의 뛰어난 성질을 갖추고 있으므로 폐하께서는 제사를 올리시어 그 마음이 흡족하고 깨끗하게 하시옵소서.'
 궁정제관인 바라문은 마하비지타왕의 성대한 제사가 올려지고 있을 때 이러한 열여섯 가지의 구체적인 방법으로 왕의 마음을 가르치고 인도하며 격려하고 기쁘게 하였다.
 바라문이여! 이 제사에는 소나 양, 돼지 등과 같은 생물이 도살되지 않았다. 도살당할 위험에 처하지도 않았다. 산제물로 바쳐질 동물을 위해 나무가 베어지지도 않았으며 제단의 깔개[41]를 목적으로 닷바풀이 잘려지지도 않았다.
 하인이나 심부름꾼, 잡역부도 모두 채찍을 겁내지 않았으며 주문에 겁내지 않았고 눈물로 얼굴을 적시며 탄식하면서 제사를 준비하지도 않았다. 하려고 생각하는 사람만이 하고, 하려고 생각하지 않는 사람은 하지 않았다. 하려고 생각하는 일만을 하였고, 하려고 생각하지 않는 일은 하지 않았다.

이 제사는 버터, 기름, 생버터, 요구르트, 꿀, 사탕수수만으로 끝났다.

후속제

그러자 바라문이여! 도시에 살고 있거나 시골에 살고 있는 신하인 제후, 대신과 관리, 부호인 바라문, 재산가들은 너나할 것 없이 모두 수많은 재보를 가지고 마하비지타왕에게로 가서 말했다.

'폐하! 이 많은 재보는 폐하를 위하여 가져온 것입니다. 부디 받아주소서.'

'내게는 정당한 세금으로 거둬들인 재보가 많이 있고 그것으로 충분하다. 그것은 그대들의 것이다. 아울러 여기에 있는 것도 함께 가져가라.'

그들은 왕 앞에서 물러나와 서로 의논했다.

'우리들이 이 재보를 다시 집으로 가져간다는 것은 옳지 못하다. 마하비지타왕이 성대한 제사를 마친 뒤이니 우리는 그 후속제[42]를 올리기로 하자.'

그리하여 바라문이여! 도시나 시골에 살고 있는 모든 제후들은 동쪽 제사장에 공물을 갖추었고, 남쪽 제사장에는 대신과 관리, 서쪽 제사장에는 부호인 바라문, 북쪽 제사장

진정한 제사

에는 부유한 재산가가 공물을 갖추었다.

　바라문이여! 이 제사에도 소나 돼지, 양 등이 도살되지 않았고 도살당할 위험에 처하지도 않았다.

　나무와 풀도 잘려지지 않았고 하인이나 심부름꾼들도 비탄에 젖지 않았다. 이 제사도 또한 버터, 기름, 생버터, 요구르트, 꿀, 사탕수수 만으로 치루어졌다.

　이상이 네 가지 찬성하는 무리, 여덟 가지 마하비지타왕의 뛰어난 성질, 네 가지 궁정제관인 바라문의 뛰어난 성질 및 세 가지 제사의 마음가짐이며, 이것이 세가지와 열 여섯 가지의 조건이 완벽하게 갖추어진 완전한 제사라고 일컬어지는 것이다."

더 훌륭한 제사

　이와 같이 설하시자 바라문들은 모두다 소리 높여 이렇게 외쳐댔다.

　"훌륭한 제사로다. 진정 완전한 제사로다."

　그러나 쿠다단타 바라문은 아무 말 없이 앉아 있었다.

　그러자 바라문들은 그에게 물었다.

　"쿠다단타님이여! 어찌하여 그대는 사문 고타마의 훌륭한 말씀을 듣고 훌륭히 설하셨다고 기뻐하지 않습니까?"

　"여러분! 저는 기뻐하지 않는 것이 아닙니다. 만일 사문 고타마의 말씀을 듣고 기뻐하지 않는 사람이 있다고 한다면 그 사람의 머리는 박살이 나고 말 것입니다.

그렇지만 사문 고타마는 '나는 이와 같이 들었다'라든가, '당연히 이와 같은 것이다'라고는 말씀하지 않으셨고, '그 때는 이러하였다. 이 때는 이러하였다'라고만 말씀하신 것으로 생각됩니다.

내가 생각하기에는 필시 사문 고타마는 그때 제사의 주최자인 마하비지타왕이었거나 그렇지 않다면 그 제사의 사제자인 궁정제관 바라문이었을 것입니다.

고타마시여! 당신께서는 이와 같은 제사를 행한 뒤, 혹은 행하게 한 뒤 목숨이 다하여서 행복한 경지인 천상에 태어났다는 것을 밝혀주지 않으시렵니까?"

"바라문이여! 나는 이와 같은 제사를 올린 후에 혹은 올리게 한 후에 죽어서 즐거운 경지인 천상에 태어났다는 것을 인정한다. 나는 그때 궁정제관인 바라문, 즉 그 제사의 제사장이었다."

"그런데 고타마시여! 이 세 가지와 열여섯 가지의 조건이 완벽하게 갖추어진 완전한 제사보다도 번거롭거나 남을 다치게 하는 일이 없는, 효과와 이익이 더 큰 제사는 달리 없습니까?"

"그보다도 더 큰 효과와 이익이 있는 제사가 또 있다."

"그것은 어떠한 제사이옵니까?"

"바라문이여! 일가의 관습으로써 올려진 제사, 다시 말하면 계율을 지키고 있는 출가자에 대하여 항상 보시를 베푸는 일은 앞서 말한 제사보다도 더 훌륭한 제사이다."

"고타마시여! 어찌하여, 무슨 까닭으로 항상 보시를 베푸는 일가의 관습으로 올려지는 제사가 앞서의 제사보다도 더 훌륭하고 이익과 효과가 크다는 것입니까?"

"바라문이여! 성자〔阿羅漢〕가 되었거나 성자라는 최고위에 오르는 길에 있는 사람은 앞서 말한 제사에 어울리지 않다.

왜냐하면 성자에게는 채찍질하는 일이나, 목을 조이는 일과 같은 일을 찾아볼 수 없기 때문이다. 그러므로 앞서 말한 제사에는 성자가 되었거나 성자라는 최고위에 오르는 길에 있는 사람이 어울리지 않는다.

그러나 항상 보시하는 일가의 관습으로써 올려지는 제사[43]에는 그들도 가깝다. 왜냐하면 이 제사에는 채찍질하는 일이나, 목을 조이는 일 따위가 없기 때문이다. 그러므로 이와 같은 제사에는 그들이 잘 어울린다. 이런 까닭으로 인해 항상 보시하는 일가의 관습으로 올려지는 제사는 앞서 말한 세 가지와 열여섯 가지의 조건이 완전한 제사보다도 더 훌륭하고 이익과 효과가 큰 것이다."

"그렇다면 고타마시여! 세 가지와 열여섯 가지의 조건이 완전하게 갖추어진 제사보다도 더 훌륭하며 보시를 행하는 일가의 관습으로 올려지는 제사보다도 또한 더 훌륭한 제사는 달리 없겠습니까?"

"바라문이여! 그와 같은 제사가 또 있다. 사방에 있는 승가를 위해 정사(精舍)를 짓는 제사는 앞서 말한 두 가지의 제사보다도 더 훌륭하고 이익과 효과가 큰 것이다."

"그리고 그보다도 더 훌륭하며 이익과 효과가 큰 제사는 달리 없겠습니까?"

"바라문이여! 그와 같은 제사가 또 있다. 마음이 깨끗한 사람이 부처님께 귀의하고 진리의 가르침에 귀의하며, 승단에 귀의하는 일은 더 훌륭한 제사이며 앞서 말한 제사들보다 더 훌륭하고 이익과 효과가 큰 것이다."

"그렇다면 고타마시여! 이보다 더 훌륭하고 이익과 효과가 큰 제사는 달리 없겠습니까?"

"바라문이여! 그보다 더 훌륭한 제사가 있다. 그것은 마음이 깨끗한 사람이 계율의 조항을 잘 받아들이는 제사이다.

계율의 조항이란 어떤 것인가 하면, 살생하지 않고, 훔치지 않으며, 애욕에 물들어 삿된 음행을 저지르지 않고, 거짓말하지 않으며, 게으름의 원인이 되는 곡주나 과실주와 같은 술을 마시지 않는 것을 가리킨다.

이러한 계율의 조항을 받는 일은 앞서 말한 제사들보다도 더 훌륭하고 이익과 효과가 큰 것이다."

"고타마시여! 이 제사보다도 더 훌륭하고 이익과 효과가 큰 제사는 달리 없겠습니까?"

"바라문이여! 그와 같은 제사가 있다. 〈사문과경〉에서 설해지고 있듯이 비구가 계율을 지키며, 선정의 제일 단계〔初禪〕를 체득하여 지낸다고 하는 제사는 앞서 말한 제사보다도 더 훌륭하고 이익과 효과가 큰 제사이다. 또한 선정의 제2단계〔第二禪〕, 제3단계〔第三禪〕, 제4단계〔第四禪〕를 체득하며 지낸다고 하는 제사는 앞서 말한 제사들보다도 더 훌륭하고 이익과 효과가 큰 제사인 것이다. 나아가 비구가 '더 이상 이 미혹한 세상에서 생을 받는 일이 없다'라고 깨닫는 제사는 앞서의 어떠한 제사보다도 번거로움이 없고 남을 해치지 않으며, 이익과 효과가 큰 제사인 것이다.

바라문이여! 이것 외에 더 훌륭하고 이익과 효과가 큰 제사는 아무 것도 없다."

쿠다타의 귀의

이와 같이 설하시자 쿠다단타 바라문은 세존께 아뢰었다.
"고타마시여! 훌륭하십니다. 참으로 훌륭하십니다.

흡사 넘어진 것을 일으켜 세우고 가려져 있던 것을 열어주고 길을 잃은 사람에게 길을 가리키듯이 또는 '눈있는 사람은 사물을 보아라'라고 말하며 어둠 속에서 등불을 내걸듯 고타마께서는 많은 방법으로 진리를 밝혀주셨습니다.

저는 세존 고타마에게 귀의합니다. 진리의 가르침에 귀의합니다. 승단에 귀의합니다. 부디 저를 재가신자로 거두어주소서.

　오늘부터 저는 목숨이 다하는 날까지 귀의합니다. 각기 7백 마리씩 되는 황소와 암수 송아지, 산양과 숫산양을 풀어주고 목숨을 돌보아주겠나이다. 그 모두가 푸른 풀을 먹고 차디찬 물을 마시며 청량한 바람을 쐴 수 있도록 하겠나이다."

　그러자 세존께서는 쿠다단타 바라문에게 차례대로 말씀하시었다.

　즉 보시와 계율과 천상의 이야기를 설하시고 온갖 욕망의 재앙과 저열함과 더러움, 그리고 그것으로부터의 떠남에 대한 공덕을 차례로 밝혀주셨다.

　세존께서는 쿠다단타 바라문의 마음이 유순하고 유연해지며 편견이 없어지고, 기쁨에 차오르며 드맑아지는 것을 아시고 모든 부처님이 찬양하는 가르침인 '괴로움'과 '괴로움의 모임'과 '괴로움의 멸함'과 '괴로움의 멸함에 이르는 길'을 설하셨다.

　흡사 깨끗하여 티끌 하나 없는 형겊이 순식간에 염색이 되듯이 쿠다단타 바라문은 '무릇 생겨난 모든 것은 반드시 없어진다'라는, 번뇌의 티끌이나 더러움이 없는 진리를 보는 눈[法眼]이 그 자리에서 생겨났다.

　쿠다단타 바라문은 진리를 보고 진리를 얻고, 진리를 알고 진리를 깊이 이해하여 의심을 끊고 의심을 없앴으며, 확신을 얻어 스승 이외의 가르침에는 의존하지 않는 사람이

진정한 제사

되어 세존께 아뢰었다.

"고타마시여! 내일 비구 대중과 함께 저의 집으로 오셔서 공양을 받아주소서."

세존께서는 말없이 승낙하셨다.

쿠다단타 바라문은 세존께서 승낙하셨음을 알고 자리에서 일어나 세존께 절을 하고 오른쪽으로 돌고 나서 떠나갔다.

쿠다단타 바라문은 그날 밤이 지나자 단단하고 부드러운 수많은 음식을 준비하고 나서 세존께 알리러 갔다.

"세존이시여! 공양준비가 되었나이다."

그러자 세존은 오전 중에 옷을 입고 가사와 발우를 들고 비구 대중을 거느리시고 쿠다단타 바라문의 집으로 가시어 준비된 자리에 앉으셨다.

쿠다단타 바라문은 부처님을 비롯한 비구들에게 단단하고 부드러운 음식을 손수 올려 그들을 흡족케 하였다.

세존께서 식사를 마치고 발우에서 손을 떼시자 쿠다단타 바라문은 또 하나의 낮은 곳에 자신의 자리를 마련하여 앉았다.

세존께서는 곁에 앉은 쿠다단타 바라문을 설법으로 가르치고 인도하고 격려하고 기쁨을 준 후에 자리에서 일어나 떠나가셨다.

역주와 해설

역주

1) 투데야 바라문 : 코살라국의 유력한 바라문의 한 사람. 쉬라바스티 근교의 투데촌에 살면서 챤다라카바촌과 간다라촌에 망고숲을 소유하고 있었다.
2) 선정의 제1단계〔初禪〕: 여기에서 나오는 두 가지의 선정(初禪과 第二禪)은 색계(色界) 4선정(四禪定) 가운데서 제1·제2단계이다.
3) 자애로운 마음 : 여기에 나오는 네 가지의 마음은 자애로움〔慈〕·불쌍히 여김〔悲〕·기뻐함〔喜〕·나눔〔捨〕의 네 가지 마음을 가리키며 '사무량심(四無量心)' 혹은 '사범주(四梵住)'라 한다. 이 마음이 살아있는 모든 것을 향해 무량하게 퍼져가는 것이 '숭고한(梵) 경지(住)'이다. 그러나 '범주'는 후대가 되면서 이 경에서 볼 수 있듯이 본래의 의미와는 달리 해석되고 있다. 즉 본래는 형용사로서 사용했던 '범(梵)'인데 '범천(梵天)'과 동일시하여, 이 네 가지 마음은 범천의 세계에 이르는 길이라고 하고 있다.
4) 세계 : '기초·기층(基層)·근원(根元)·요소(要素)·성분(成分)·원인·본질' 등의 의미.
5) 초기불교에서는 사실 현실적으로 한 세계에서 여러 부처님〔多佛〕이 인정되지 않는다. 그러나 대승불교에서는 많은 부처님이 동시에 출현한다고 설한다.
6) 여기에서 시사하고 있는 것이 이른바, '여인오장(女人五障)'설이다. 즉 여성의 몸으로 부처가 될 수 없다는 사고방식이 통념적으로 불교에 존재하고 있었기 때문이다. 그러나 후기 대승불교에서는 여성도 성불(女人成佛)할 수 있다는 적극적 사고방식으로 확대되었다(법화경), 앞의 이야기는 초기에 여성출가자를 금지했던 데 기인한다고 이해하면 좋을 것이다.

7) 4장(四章)으로 구성된 것 : 본 경전에서 설한 지혜로운 이가 환히 알아야 할 네 가지 교리(① 요소적 영역, ② 지각의 근거 ③ 조건관계에 의한 생기(生起) ④ 이치로서 가능한 것과 불가능한 것)와의 관계 때문에 이와 같은 경의 이름이 제시되었을 것이다. 한역에서는 '사품(四品)'《중아함경》, 법현 역) 또는 '사전(四轉)'(현장역)이라 한다.
8) 조건(條件) : 여기에서는 간접적 원인·보조적 조건을 의미한다.
9) 요건(要件) : 원래는 비구의 수행생활에서 필수불가결한 '자구(資具)' 즉 '필수품'을 의미한다.
10) 화생(化生) : 불교에서는 모든 생명체가 태어나는 방법을 네 가지로 나누고 있는데 모태에서 태어난 것[胎生]·알에서 태어난 것[卵生]·습기 속에서 태어난 것[濕生]·어떤 것에 의지하지 않고 홀연히 태어난 것[化生]이 그것이다.
11) 택법각지(擇法覺支) : 깨달음을 얻기 위해 설정한 일곱 가지 요건[七覺支] 가운데서 하나.
12) 무인론자(無因論者) : 모든 존재나 인간의 행위에 대해서 원인이나 조건을 부정하는 사람
13) 무행위론자(無行爲論者) : 모든 행위에 대해 도덕적인 책임을 부정하는 사람
14) 시애심해탈(時愛心解脫)·부동심해탈(不動心解脫) : 시애심해탈이란 순연(順緣, 조건이 좋음)의 때를 만나야만 비로소 마음이 해탈하는 것. 부동심해탈이란 때를 기다리지 않고 역연(逆緣) 가운데서도 마음이 해탈할 수 있는 것으로서 불시해탈(不時解脫)이라고도 한다.
15) 공(空) : 원래 '결여된' 혹은 '존재하지 않는다'는 의미로서 우리들이 본래부터 물들어 있는 번뇌를 하나하나 끊어갈 때 도달하는 번뇌없는 청정한 경지를 말한다. 대승불교에서는 일체존재에 대해 고정적인 성질이 없다는 의미의 '무아(無我)'를 고정적 성질이 결여된 상태를 보고 '공'이라 하고, 그것은 모든 존재가 다른 것과의 관계성 위에서만 파악되어지는 것으로서 '연기'되어진 것이라고 파악하고 있다.
16) 염마왕(閻魔王) : 염마(閻摩), 또는 염마(閻魔)로 표기한다. 죽은 사람을 심판하는 저승세계의 왕, 염라대왕.

17)·죽과의 형벌 : 머리를 갈라 벌겋게 달구어진 철환(鐵丸)을 집어넣어 골수를 부글부글 끓어오르게 한다.
  ·패독의 형벌 : 윗입술 목둘레의 살을 찢고 머리를 한 갈래로 묶어 살과 머리를 동시에 벗겨 머리뚜껑을 모래로 문질러 씻어 조개처럼 하얗게 보일 때까지 문지른다.
  ·귀구의 형벌 : 막대기로 입을 벌려 입 안 깊숙히 등불을 켜거나, 또는 귀밑에서 입까지 정으로 찔러 입안 가득히 붉은 피가 흘러나오게 한다.
  ·화화륜의 형벌 : 온 몸을 기름묻은 헝겊으로 감싸 불을 붙인다.
  ·구전의 형벌 : 목살갗에서부터 아래로 찢어 복숭아뼈에까지 벗겨서 늘어뜨린다. 그리고 나서 그 사람을 밧줄에 묶어 당긴다. 그는 자신의 살을 밟아서 스스로 고통을 느끼게 하는 형벌이다.
  ·등화수의 형벌 : 손을 기름묻은 수건으로 감싸서 등불을 밝히듯 태운다.
  ·피의의 형벌 : 상반신의 살갗을 찢어서 허리에 묶고 허리부터의 살갗을 찢어서는 복숭아뼈에 묶어 머리부터 하반신까지 바지를 입도록 한다.
  ·영양의 형벌 : 두 개의 팔꿈치와 두 개의 무릎에 철환(鐵環)을 채우고 그 네 곳에 쇠막대기를 쳐서 땅에다 고정시킨 다음, 주변에 불을 붙인다.
  ·구육의 형벌 : 코바늘을 걸어 살갗 · 살 · 근육을 벗긴다.
  ·전형의 형벌 : 온 몸을 예리한 작은 도끼로 엽전모양처럼 단절한다.
  ·회즙열의 형벌 : 칼로 몸의 여기저기에 상처를 내어 잿물을 부어넣어 살갗 · 살 · 근육이 흘러나와서 뼈만 남게 한다.
  ·산회의 형벌 : 한 쪽 옆구리를 땅에 대고 누워서 두 귀의 구멍으로 쇠막대기를 찔러 땅에 고정시키고 두 발을 모아서 휘두르게 한다.
  ·고포단의 형벌 : 겉살을 벗기고 맷돌로 뼈를 갈아 머리카락으로 움켜잡아 고포단처럼 싼다.
18) 앙구라 : 길이의 단위. 엄지손가락 정도의 길이이다. 양팔을 쫙 펼친 길이를 1바야마라 하고 또 이것은 4하스타라 한다. 그리고 1하스타는 24

앙구라라 한다. 따라서 1앙구라는 약1.9cm에 해당한다.
19) 지바카 코말라밧챠 : 이름높은 의사, 왕궁의 의사로서 빔비사라왕의 주치의였다가 후에 아쟈타삿투왕의 주치의가 되었다. 세존께서는 사문과경을 이 사람이 소유하고 있는 망고숲에서 설하셨다.
20) 아쟈타삿투 : 마가다국왕 빔비사라왕의 아들로서 32년이나 왕위에 있었으나 자신의 아들 우다이 밧다에게 살해당했다.
21) 캇티카월 : 10월 중순에서 11월 중순까지의 달 이름으로 그 15일째 보름밤을 코무디(백수련이 피는 밤)라고 부른다.
22) 포살일 : 원어는 우포삿타. 같은 지역 안에 살고 있는 비구들이 보름마다 모임을 가지고 그 동안의 자기의 행위를 반성하고 참회고백하는데 매달 첫날과 보름날을 정해놓고 있다.
23) 푸라나 캇사파 : 고타마 붓다와 동시대 사람으로 많은 대중들의 정신적 지주였던 사람이다. 육사외도(六師外道)의 한 사람. 이후 등장하는 막칼리 고살라, 아쟈타 케사캄발리, 파쿠다 캇챠야나, 산쟈야 벨랏티풋타, 니간타 나타풋타가 당시 이름을 날렸던 여섯 교파의 교조들이다.
24) 우다이 밧다 : 자신의 아버지 아쟈타삿투왕을 살해한 뒤 왕위에 올라 16년간 통치하였다. 그러나 그 자신도 자기의 아들에게 살해당하였다. 여기에서 아쟈타삿투왕의 말은 자기에게 다가올 운명을 암시한, 그 자신의 불안과 공포를 나타내는 의미 깊은 말이다.
25) 눈으로 볼 수 있는 과보 : 세속 사람들은 사회적 지위나 경제적인 부를 노력의 결과로써 얻고 있다. 이런 결과들은 눈으로 볼 수 있는 것인데 출가한 사문들은 정신적인 것 외에 현실적으로 어떤 결과를 얻고 누리는 지를 묻는 질문
26) 중겁(中劫) : 겁(劫, 카파)은 지극히 오랜 시간을 가리키며 그 한 구분을 중겁이라 한다. 세계는 그것이 무너져 가는 기간(壞劫), 공허한 채로 지속되는 기간[空劫], 이루어져 가는 기간[成劫], 이루어진 상태로 지속되는 기간[住劫]의 네 기간이 반복되는데 각 기간이 20중겁이라는 시간을 지나므로 네 기간은 80중겁의 길이가 된다. 이것을 1대겁(大劫)이라 한다. 그 어디에서도 달리 찾아볼 수 없는 아주 긴 시간 단위이다.

27) 나가신(神) : 용왕이라 번역하며 불법수호신이다. 8대용왕이 있다고 한다.
28) 파투비 : 그 정확한 뜻을 찾기가 어렵다. 앞뒤의 문맥상으로 헤아려 보자면 장소를 나타내는 말로서 '숲'으로 번역할 수가 있겠으나 근거는 없다.
29) 파티목카 : 보름마다 거행되는 비구들의 포살회에서 읽혀지는 교단의 벌칙을 적은 문항.
30) 행운의 여신[吉祥天] : 인도신화에 나오는 라크슈미 또는 슐리를 가리키며 복덕을 담당하는 여신이다.
31) 관정즉위(灌頂卽位) : 왕이 즉위할 때 그 머리 위에 대해의 물을 붓는 의식.
32) 더러움이 흐르는 번뇌(漏) : 여섯 가지 감각기관(눈, 귀, 코, 혀, 몸, 의지)에서 깨끗하지 못한 것을 흘러내는 것, 또는 번뇌 때문에 생사윤회하며 흘러다니는 것을 의미하며 또한 3계에 머물도록 하는 것을 의미하기도 한다.
33) 인자한 아버지이며 어질고 올바른 국왕이었던 사람 : 마가다국의 왕이었던 빔비사라를 가리킨다. 15세에 왕위에 올라 52년간 통치했다고 전해진다. 빔비사라왕은 주위 국가와는 우호관계를 유지하였고 친교를 유지하면서 권력을 키워갔다. 또한 즉위 후 15년 되는 때에 부처님께 귀의해서 죽을 때까지 열렬한 신자가 되었다. 온화한 성격을 지닌 반면 결단력있는 유능한 국왕이었다. 만년에는 아들인 아쟈타삿투에 의해 폐위된 뒤 유폐되었다가 살해당했다.
34) 암발랏티카동산 : 라쟈그리하와 나란다 사이에 있는 국왕의 정원으로, 문 옆으로 암바(망고)나무가 줄지어 서 있었기 때문에 이러한 이름이 붙여졌다고 한다.
35) 존경할 만한 분… 존귀하신 분 : 부처님의 덕을 기리는 열 가지의 명칭은 '여래십호(如來十號)'라고 불린다.
36) 세 가지와 열여섯 가지의 조건이 완벽하게 갖추어진 제사 : 베다종교에 있어 제사는 신들에게 살아 있는 제물을 바치기 위한 희생제(犧生祭)를 의미한다. 불교는 이러한 주술적인 제사의식을 종교적인 것으로 심

화시켜서 전혀 다른 해석을 내리고 있다. 다시 말하면 제사의 본질을 '바치는 것'에서 찾아내어 널리 '베풀어 주는 것'을 제사라고 보았다. 그리고 한 걸음 나아가 그 정신적인 면을 중시하여 '베풀어 주는 마음' 도 제사라고 부르기에 이르렀다. 여기에서도 제사의 원어 얀냐(yañña, 산스크릿트어로는 yajña)는 이러한 정신적인 의미로 쓰여지며 나중에 본문에서도 보이듯이 제사를 올리기 전, 한참 올리고 있을 때, 그리고 제사를 끝마친 뒤라고 하는 세 번의 시간에 후회하는 마음이 없는 것을 가리켜 '세 가지가 완전한 제사'라고 한다. 그런 까닭에 본문에서는 '마음가짐'이라는 단어를 첨가해서 번역하였다.

'조건'의 원어는 파리카라(parikhāra)로써 이 말은 일반적으로는 '생활도구' 다시 말하면 불도수행에 필요한 도구라는 의미로 사용되고 있다. 그러나 여기에서는 제사의식에 필요한 수단, 또는 조건이라는 정도의 의미로 비유적으로 쓰여졌으며 경에서도 후에 볼 수 있듯이 제사에 동의하는 네 가지 집단, 왕의 뛰어난 여덟 가지 성질, 궁정제관이 갖춘 네 가지 훌륭한 성질을 합한 열 여섯 가지를 가리킨다.

37) 세 가지 베다 :《리그 베다》,《사마 베다》,《야주르 베다》를 가리킨다. 인도에서 현존하는 가장 오랜 문헌으로 바라문교의 근본성전이다.
38) 베다의 사전(史傳) : 세 가지 베다에《아타르바 베다》와 사전(이티하사 itihāsa)를 더하여 다섯 가지 베다라고 하는 경우가 있다.
39) 폭칼라사디 바라문 : 수바가숲에 사는 폭칼라사디 오파만냐라고도 불린다. 코살라국의 유명한 바라문 가운데 한 사람으로 코살라국왕 프라세나짓에게서 욱캇타도시를 하사받고 거기에 있는 수바가숲에 머물고 있다. 처음에는 불교에 대해 비판적인 입장을 취했으나 후에 귀의하여 유력한 재가신자의 한 사람이 되었다.
40) 제사의 국자 : 원어는 수쟈(sujā). 베다의 제사의식을 행하는 데 있어서는 갖가지 국자나 숟가락이 사용되고 있다. 모두 목제인데 각기 재질이나 용도를 달리하고 있다. 수쟈는 녹인 버터를 화로[祭火]에 붓는 데에 사용되는 것으로 팔길이에 움푹 패인 부분은 손의 길이 정도로서 주둥이모양의 주입구가 붙여져 있는 것이다.
41) 제단의 깔개 : 제구를 갖추고 공물을 놓은 뒤 신들은 초대해 앉히기 위

해 제단에 펼치는 풀.
42) 후속제(後續祭) : 베다의 제사의식에서 그 주요부분이 끝난 뒤에 올려지는 헌공. 베다의 제사의식에서는 주된 제사의 전후에 헌공이 거행된다.
43) 일가의 관습으로써 올려지는 제사 : 다음으로 설해지는 '더 훌륭한 제사'는 얼핏 보아서는 제사로 받아들이기에는 납득이 잘 가지 않는 것인데 불교는 '베풀어 주는 일'을 제사라고 간주하기 때문에 '정사(精舍)의 기증'과 같은 것이 제사로 인정되며, 나아가 베푸는 것을 재물의 베품에 한정하지 않고 불도수행을 이루어 사람들에게 설법하는 일도 그에 포함되므로 '비구가 알고 보는 데에 마음을 집중하는' 일도 제사라고 간주하는 것이다.

아함경 해설

 아함(阿含)이라는 말은 부처님의 말씀 가운데 '처음으로 전승된 가르침'이라는 뜻으로 산스크리트어[梵語]로는 아가마(āgama)라고 한다.
 부처님 입멸 후, 부처님의 가르침은 부처님을 직접 모시고 살았던 제자들의 기억 속에 남아 있었다. 그리하여 전통적인 방법, 즉 암송에 의해 전해지고 있었다.
 최초의 조직적 경전편집은 라자그리하에서 있었다. 부처님의 십대제자 중 상수(上首)제자인 마하가섭을 중심으로 하여 아난이 경(經)을, 우팔리가 율(律)을 각각 맡아 암송에 의한 대편찬이 이루어졌다. 이것을 제 1결집이라 부른다. 팔리의 5부 아함과, 한역의 4아함이 이때 결집되었다고 전해진다.
 그러나 현존의 아함은 부파전승의 과정 속에서 많은 부분 탈락·첨삭·가감이 행해진 것을 부인할 수 없다. 그러나 비교적 부처님 생존시 육성을 가장 많이 담고 있는 경전은 역시 팔리 5부와 한역 4아함을 드는 데 이론의 여지가 없는 것 또한 사실이다.

그러한 부처님의 근본 가르침이 산스크리트어로 쓰여져 인도의 북부를 타고 중국으로 전해져 우리나라에 이르렀는데 그것을 한역으로 '아함(阿含)'이라고 하며, 팔리어로 쓰여져 인도의 남부지방을 타고 내려가 동남아시아에 이르른 가르침은 '니카야'(Nikāya, 部)라고 한다.

  똑같은 부처님의 말씀이긴 해도 그 지역과 문화, 언어의 전승에 따라 '아함'과 '니카야' 사이에는 다소 차이가 있다.

  아함경은 장아함, 중아함, 잡아함, 중일아함의 4아함으로 이루어져 있다.

  그중 장아함은 부처님께서 당시 교단 이외의 사람들을 만나 정법을 가르치며 외도의 그릇된 주장을 논파하는 것으로 주 내용이 이루어져 있고, 중아함은 부처님과 여러 비구들의 법담이 주 내용이며, 잡아함은 아주 짧은 길이의 경들이 많이 모여있으며, 불교의 깊은 교리적인 내용이 차지하고 있다. 특히 이 잡아함에는 참선 수행의 필요성과 방법, 부처님의 수행모습이 상세히 언급된 많은 종류의 경이 수록되어 있다. 한편 증일아함은 부처님의 가르침이 숫자에 의거하여 수록되어 있는 경으로 1에서 11까지의 숫자에 관계된 가르침이 차례로 열거되고 있다.

  한편 니카야는 5부로 이루어져 있다. 그중 장부와 중부는 한역 장아함과 중아함에 해당되며, 상응부니카야는 잡아함에 해당되며 증지부니카야는 증일아함에 각각 해당된다.

  내용상으로는 큰 차이가 없다. 그러나 니카야에는 한역

'아함'에는 없는 소부(小部)가 포함되어 있다. 소부에는 특히 우리들에게 친숙한 법구경이나 숫타니파타, 본생담, 우다나, 이티붓타카 등이 들어 있어 한역 아함과는 다른 독특한 전승의 차이를 보이고 있다.

부처님께서 열반에 드신 지 100년쯤 지나서 교단의 분열이 이루어진다. 교단의 분열은 이후 약 20개의 부파가 형성된다. 이 중에서 상좌부는 바로 팔리어로 전해진 니카야를 소의경전으로 채택하였다.

본 민족사판 아함경①②는 바로 위에서 말한 5부 니카야 가운데에서 일반인들이 꼭 읽어야 할 경과, 비교적 쉬운 내용으로 경전을 통해 불교교리를 직접 알 수 있는 경들을 가려서 엮은 것이다. 제목이 아함경이지만 한역 아함에서 뽑은 것이 아니라, 팔리 니카야에서 뽑은 것이다. 그러나 '니카야'라는 말이 아직 우리나라 불교인들에겐 생소하기 때문에 한역 명칭인 '아함'을 사용했다.

'아가마'는 '아함' '니카야'는 '부(部)'라고 부른다. 그렇지만 일반독자는 최초로 결집된 불교경전이 남쪽으로 내려가서는 팔리 5부 니카야가 되고, 북쪽으로 넘어가서 한역 4아함이 되었다라고 정리하는 편이 쉬우리라.

먼저 아함경 제1권은 재가인들의 출가와 귀의, 선과 악의 구별, 그리고 일상생활에서 지켜야 할 교훈적인 덕목을 설한 경전을 중심으로 엮어졌다.
　아함경 제1권에 수록된 첫 경은 '敎誡싱갈라經'(싱갈라를 가르치다)으로서, 부처님께서 부호의 아들 싱갈라에게 동서남북상하의 여섯방위를 세속의 인간관계에 대응시켜서, 각각의 위치에 있는 사람들이 지녀야 할 태도와 자세를 세속의 윤리에 입각해 설한 경이다.
　두번째 '우팔리經'(우팔리의 귀의)은, 자이나교도인 우팔리가 부처님의 가르침에 따라 불제자가 되고 난 후, 이전에 자기가 모시던 스승인 나타풋타에게 세존의 지고함을 여러 가지 비유로써 설명을 하는 경으로, 이때 나타풋타는 자기가 믿었던 재가신도인 우팔리가 부처님을 찬미하자 분통함을 이기지 못해 피를 토한다.
　세번째로 수록한 '삿챠카經'(삿챠카를 가르치다)은, 극단적인 수행, 즉 극단적인 신체적 고통을 통하여 깨달음을 얻을 수 있다고 주장하는 유명한 자이나교도에게, 부처님도 역시 깨달음을 얻기 이전에는 그같은 고행을 하였음을 자세히 설명하면서, 외도의 지나친 고행은 깨달음에 별 도움이 되지 못한다는 것을 지적하고 있다. 아울러 바른 수행에 의해 얻어지는 깨달음의 내용도 차례로 소개되고 있다.
　네번째의 '라타파라經'(라타파라의 출가)은, '라타파라'라고 하는 부잣집 외아들이 출가하고자 결심하여 부모의 허락을 겨우 얻어내 출가하기까지의 모습이 자세하게 그려지고 있으며, 출가하고 난 뒤 세속의 부모와 국왕을 교화하는 모습이 담겨 있다.

　다섯번째로 수록한 '앙굴리마라經'은 우리들이 너무나 잘 아는 '도적 앙굴리마라의 귀의'에 대한 이야기이다.

　살생을 예사로 여기며 사람의 손가락을 잘라 목걸이를 하고 다니는 극악한 앙굴리마라가 부처님을 만나면서 지난 과거의 악행을 참회하고 비구가 되는 과정을 생생하게 그리고 있다. 그런데 앙굴리마라는 여기서 그치지 않고 그가 극악한 도둑이었다는 과거 때문에 겪는 모진 수모와 인내, 그가 얻은 깨달음의 경지, 그리고 앙굴리마라의 게송이 함께 실려 있어 많은 공감을 불러일으킨다.

　여섯번째로, 수록한 '법사경'(진리의 상속자)은 비구가 세존의 법의 상속자임을 재천명하는 것을 내용으로 하고 있다.

　부처님께서 남기신 음식을 두고 한 사람은 배가 고파 그것을 먹고, 또 한 사람은 자신은 이런 '재물의 상속자'가 아니라 '법의 상속자'라고 말하면서 몹시 허기가 졌음에도 불구하고 음식을 먹지 않는다. 이것을 두고 '비구는 법의 상속자'가 되어야 한다고 가르치는 경이다.

　다음 일곱번째로 수록한 '기원경'(인간사회의 성립과 기원)은 인도 4성계급의 제1위인 바라문 출신의 두 비구가 같은 종족사람들의 업신여김을 부처님께 하소연하자 부처님께서 그 비구들에게 계급과 인간사회가 어떻게 생겨났는가 하는 기원을 설명하면서 법을 추구하는 사문이 바로 제1계급임을 강조하고 있다.

　여덟번째로 수록한 '대본연경'(과거 부처님의 전기)은 부처님께서 과거세에 나타나셨던 여러 부처님의 이름을 비구들에게 가르쳐주면서, 그중 비팟싱 부처님의 일대기를 자세하게 이야기해 주는 것을 내용으로 담고 있다.

　모든 부처님이 똑같은 과정을 밟아 세상에 태어나고 출가의 비장한 결심을 하며 진리를 얻은 후에 법륜을 굴리고 세상을 교화하다가 열반에 드시는데, 이 비팟싱 부처님의 일대기를 통해 석가모니 부처님의 일생도 알 수 있다.

　사실은 석가모니 부처님, 즉 석존의 일대기가 과거불인 비팟싱 부처님의 일대기로 윤색되어 그것이 다시 현재의 부처님인 석존의 일대기로 재현되고 있는 것이다.

　이어서 아홉번째부터 열 두번째까지는 모두 불제자의 수행과 전법(傳法)의 모습이 담긴 경을 수록하였다.

　먼저 유명한 '푸라나에 대한 전법이야기'가 실린 '푸라나經'(푸라나를 가르치다)과 그리고 열번째로 수록한 '카사파 장로'(가섭比丘)이다. 이 경은 가섭의 훌륭한 두타행을 칭찬하면서 모든 비구도 그와 같이 수행해야 함을 역설하시는 부처님의 말씀과 아울러 아난다와의 언쟁도 담겨있다.

　열 한번째로 수록한 '바칼리를 가르치다'는 죽음 직전에 이른 바칼리 비구가 마지막으로 법에 품은 의심들을 부처님이 친히 다가와서 풀어주어 죽음과 함께 성자의 위치에 오른다는 내용이다.

열 두번째로 수록한 '비구니와 악마의 대화'는 당시 비구니들의 견고한 지계와 훌륭한 선정의 모습을 보고 악마가 와서 방해하지만 그런 악마의 마음을 꿰뚫어보고 게송으로 악마를 물리치는 비구니 스님의 진정한 구도의 자세를 볼 수 있다.

이상과 같이 아함경 제1권은 주로 부처님께서 설하신 경전 중에서 주로 재가불자들이 지켜야 할 덕목과 규범을 중심으로 엮었다.

니카야에는 이런 일화같은 내용의 경전뿐만 아니라 인간과 세계의 존재모습을 자세하게 나타내고 있는 교리적인 내용이 상응부와 중지부를 중심으로 엄청난 양과 함께 설해지고 있다.

아함경 제2권에서는 교리적인 내용을 다소 쉽게 이해할 수 있도록 적당한 인연담과 쉬운 설명이 곁들여진 경들을 중심으로 엮어졌다.

먼저 첫번째로 실린 '마룽키야經'(독화살의 비유)은 유명한 '독화살의 비유'가 설해진 경이다. 궁극적인 의문에 대해 속시원한 해답을 주지 않는 부처님을 원망하는 마룽키야를 독화살의 비유를 들어 다시 수행에 전념케 한다는 내용으로서, 우리에겐 너무나 잘 알려진 경이다.

두번째로 실린 '스바經'(善의 추구)은, 외도의 그릇된 주장을 지적하면서 자·비·희·사의 네 가지 무량한 마음을 지닐 것을 역설하시는 부처님의 가르침이 담겨 있다.

세번째로 실린 '다계경'(多界經, 지혜로운자의 식견)은 계(界)와 십이처, 십이연기, 업설 등 근본교설에서 접할 수 있는 모든 교리들이 총망라되어 있으며, 네번째로 실린 '대사십경'(大四十經, 바른 길과 삿된 길)은 바른 견해와 바르지 못한 견해, 바른 생활과 바르지 못한 생활 등에 대하여 설하고 있으며, 다섯번째로 실린 '공대경'(空大經, 공의 여러 모습)은 사선(四禪), 오온(五蘊), 공(空) 등을 수행하는 차례가 자세하게 소개되어 있어 근본교설에 있어 공의 가르침을 접할 수 있는 좋은 기회가 될 것이다.

다음 여섯번째로 실린 '천사경'(天使經, 염마의 신문)은 악업에 따른 지옥의 과보가 현실감 넘치도록 생생하게 그려져 있으며, 일곱번째로 실린 '일야현자경'(一夜賢者經, 밤사이에 어진 사람이 되다)은 냉철한 판단으로 현재의 삶과 일, 그리고 오늘 해야 할 일을 열심히 하라는 인생의 지침과도 같은 명구적인 내용이 설해져 있다.

여덟번째로 실린 '사제분별경'(四諦分別經, 네 가지 성스러운 진리)은 고집멸도(苦集滅道) 사제에 대하여 자세히 분석하고 있으며, 아홉번째로 실린 '사문과경'(沙門果經, 출가의 공덕)은 출가하여 사문(스님)이 된 공덕이 가장 뛰어남을 설하고 있는 경전으로서 우리에게도 익숙한 경전이다.

다음 열번째로 실린 '포해경'(怖駭經, 두려움에 대한 초월)은 갖가지 두려움, 공포 등에서 벗어나는 방법을 설하고 있으며, 열 한번째로 실린 '앗사풀라大經'(앗사풀라의 설법)은 여섯 가지 감각기관 즉 눈, 귀, 코, 혀, 몸, 생각을 삿된 사물에 현혹되지 않도록 항상 깨끗이 해야함을 가르치고 있고, 열 두번째로 실린 '쿠다단타經'(진정한 제사)은 짐승을 죽여 (살생하여) 제사지내는 잘못된 관습에 대한 석존의 섬세한 가르침이 설해져 있다.

　방대한 아함경전 가운데에서 중요한 경전을 가려뽑아 두 권으로 엮는다는 것은 매우 어렵고 힘든 일이다. 그렇다고 방대한 양의 아함경을 모두 소개할 수도 없어서 부득이 두 권으로 묶게 되었다. 이 두 권 속에는 우리가 많이 접해왔으며 쉽게 이해할 수 있는 경과 그리고 5부 가운데 교리 중심의 말씀이 수록된 경들이 포함되어 있다.
　이 두 권이 짧고 긴 수천의 아함경전을 포괄할 수는 없을 것이다. 그러나 독자들은 아함경에는 주로 어떠한 경전들이 모여있으며 그 내용은 주로 어떤 내용인지에 대하여 어느 정도는 느낄 수 있을 것이다.

역자소개 : 돈 연(頓然)

1949년 전남 나주에서 출생
강원도 정선의 두타산 북쪽 기슭에
두타초암(頭陀草庵)을 짓고
농사를 지으며 정진하고 있다.
시집으로
《벽암록》《순례자의 노래》《산사의 하루》
《원시경전 잡아함경》 등이 있다.

불교경전 ⑭

아 함 경 ②

1994년 9월 30일 초판 1쇄 발행
2020년 1월 10일 초판 10쇄 발행

역 자 ― 돈 연
발행인 ― 윤 재 승
ⓒ발행처 ― 민 족 사

등록 제1-149호, 1980. 5. 9.
서울 종로구 삼봉로 81 두산위브파빌리온 1131호
전화 (02) 732-2403~4, 팩스 (02) 739-7565
E-mail / minjoksabook@naver.com
홈페이지 / www.minjoksa.org

값 13,000원

ISBN 978-89-7009-174-7 04220

• 경전은 부처님의 말씀입니다.
• 경전을 소중히 합시다.